新时代中国大学生思想特点与
社会实践拓展研究

李 伟 | 主编

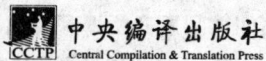

图书在版编目(CIP)数据

新时代中国大学生思想特点与社会实践拓展研究 / 李伟主编. —北京：中央编译出版社，2021.10

ISBN 978-7-5117-3561-4

Ⅰ.①新… Ⅱ.①李… Ⅲ.①大学生-思想政治教育-研究-中国 Ⅳ.①G641

中国版本图书馆CIP数据核字(2018)第036473号

新时代中国大学生思想特点与社会实践拓展研究

责任编辑：	杜永明
责任印制：	刘　慧
出版发行：	中央编译出版社
地　　址：	北京西城区车公庄大街乙5号鸿儒大厦B座（100044）
电　　话：	（010）52612345（总编室）　　（010）52612339（编辑室）
	（010）52612316（发行部）　　（010）52612346（馆配部）
传　　真：	（010）66515838
经　　销：	全国新华书店
印　　刷：	北京中兴印刷有限公司
开　　本：	710毫米×1000毫米　1/16
字　　数：	139千字
印　　张：	11
版　　次：	2021年10月第1版
印　　次：	2021年10月第1次印刷
定　　价：	68.00元
网　　址：	www.cctphome.com　　邮　箱：cctp@cctphome.com
新浪微博：	@中央编译出版社　　微　信：中央编译出版社（ID：cctphome）
淘宝店铺：	中央编译出版社直销店（http：//shop108367160.taobao.com）　（010）55626985

本社常年法律顾问：北京市吴栾赵阎律师事务所律师　闫军　梁勤
凡有印装质量问题，本社负责调换。电话：（010）55626985

编委会成员

（按照姓氏笔画排序）

主　编：李　伟
编　委：于　昆　万资姿　史为磊　孙　帅
　　　　刘长军　李　伟　吴学凡　张治银
　　　　高　炜　秦国伟

目 录

绪 论 问题的提出与调查过程 / 001

　　一、问题的提出与研究意义 / 001

　　二、研究目标与主要框架 / 003

　　三、研究方法 / 004

　　四、问卷设计和抽样依据 / 006

　　五、研究综述 / 010

　　六、本书研究的创新与不足 / 022

第一章 大学生思想与社会实践的基本理论问题研究 / 023

　第一节 思想认同与思想政治教育 / 023

　　一、马克思主义关于意识形态引领的基本理论 / 024

　　二、思想政治认同是提升大学生意识形态引领有效性的关键 / 028

　第二节 社会实践与思想政治教育 / 034

　　一、马克思主义实践观是思想政治教育的理论基础 / 035

　　二、社会实践是思想政治教育的有效途径 / 038

　　三、以社会实践改进大学生思想政治教育工作 / 043

第二章 国家与社会认同 / 049

　第一节 国家认同 / 049

　第二节 社会认同 / 054

一、自我认同 / 055
二、关心他人和集体 / 057

第三章　文化认同 / 060

第一节　传统文化认同 / 060
一、艰苦奋斗精神 / 061
二、诚信友善 / 063
三、孝顺父母 / 064
四、传统习俗 / 065

第二节　革命文化认同 / 066
一、延安精神 / 067
二、长征精神 / 067
三、革命精神 / 068

第四章　治国理政成效认同 / 072

第一节　民生改善认同 / 072
一、收入分配改革 / 075
二、教育公平 / 076
三、医疗改善 / 078
四、闲暇生活 / 080

第二节　综合国力认同 / 082
一、对我国经济发展前景的信心状况 / 082
二、中国国际地位和国际影响力认同 / 084
三、国家综合国力稳步提升的信心状况 / 086

第五章　大学生思想变化轨迹分析 / 088

第一节　政治认同变化轨迹 / 088
第二节　经济认同变化轨迹 / 093
一、两会提案中的经济问题认同 / 093

二、微信公众号中经济问题认同 / 095
　第三节　文化认同变化轨迹 / 096
　　一、人生价值观 / 096
　　二、对集体事务的关心程度 / 099
　　三、参与文化活动的途径 / 101

第六章　不同专业大学生相关领域的认同比较 / 106

　第一节　社会价值认同度比较 / 106
　　一、人生价值认同度比较 / 107
　　二、国家荣誉感认同度比较 / 108
　第二节　革命文化认同度比较 / 110
　　一、对长征精神的认同度比较 / 110
　　二、对延安精神的认同度比较 / 110
　第三节　不同专业大学生的政治面貌、就业压力的比较 / 113
　　一、不同专业大学生的政治面貌的比较 / 113
　　二、不同专业大学生就业压力的比较 / 115

第七章　大学生社会实践状况分析 / 119

　第一节　大学生社会实践的总体状况 / 119
　　一、社会实践时间状况 / 119
　　二、获得社会实践机会的途径 / 121
　　三、社会实践的保障条件 / 122
　　四、在社会实践活动中承担的角色 / 124
　　五、社会实践的作用或效果 / 125
　　六、社会实践的内容分析 / 126
　　七、社会实践的目的调查 / 127
　第二节　大学生社会实践存在的问题及原因 / 128
　　一、大学生社会实践存在的问题 / 128
　　二、大学生社会实践存在问题的原因分析 / 130

第三节 大学生社会实践的发展趋势和展望 / 133
  一、大学生社会实践的发展趋势 / 133
  二、大学生社会实践的探索与展望 / 134

第八章 优化大学生思想政治工作和实践引领 / 136

第一节 优化大学生适度有序的政治参与 / 136
  一、优化大学生适度有序的制度化政治参与 / 137
  二、优化大学生适度有序的非制度化政治参与 / 141

第二节 涵养大学生成长的新媒体环境与实体环境 / 142
  一、涵养大学生成长的新媒体环境 / 142
  二、涵养大学生成长的实体环境 / 145

第三节 优化做好大学生社会实践指导 / 150
  一、以崇高的理想信念作为社会实践的指导 / 150
  二、坚持理论与实际相结合的基本原则 / 151
  三、实践内容要紧扣时代脉搏,防止内容老化和重复 / 152
  四、坚持走与工农商学兵相结合的道路 / 153
  五、社会实践活动要立基于大学生的自身实际 / 154
  六、加强和完善组织领导 / 154

参考文献 / 157

后　记 / 164

绪 论 问题的提出与调查过程

一、问题的提出与研究意义

大学生兼具"青年"与"知识分子"的双重身份，是我国社会主义现代化建设的生力军和重要力量。党的十九大报告指出："社会主义核心价值观是当代中国精神的集中体现，凝结着全体人民共同的价值追求。要以培养担当民族复兴大任的时代新人为着眼点，强化教育引导、实践养成、制度保障，发挥社会主义核心价值观对国民教育、精神文明创建、精神文化产品创作生产传播的引领作用，把社会主义核心价值观融入社会发展各方面，转化为人们的情感认同和行为习惯。"① 了解大学生的思想现状，进行有效的价值观引领是高校立德树人工作的重中之重。

党和国家历来高度重视青年大学生价值观教育工作。2014年5月4日，习近平总书记在视察北京大学时指出："当代大学生是可爱、可信、可贵、可为的。"② "青年是标志时代的最灵敏的晴雨表，时代的责任赋予青年，时代的光荣属于青年。"③ 习近平总书记强调，青年的价值取向决定了未来整个社会的价值取向，而青年又处在价值观形成和确立的时期，抓

---

① 《中国共产党第十九次全国代表大会文件汇编》，人民出版社2017年版，第34页。
② 《习近平谈治国理政》，外文出版社2014年版，第166页。
③ 《习近平谈治国理政》，外文出版社2014年版，第167页。

好这一时期的价值观养成十分重要。这就像穿衣服扣扣子一样，如果第一粒扣子扣错了，剩余的扣子都会扣错。人生的扣子从一开始就要扣好。

2016年12月，在全国高校思想政治工作会议上，习近平总书记强调："办好我国高校，办出世界一流大学，必须牢牢抓住全面提高人才培养能力这个核心点，并以此来带动高校其他工作。"① 2017年4月，中共中央、国务院印发的《中长期青年发展规划（2016—2025年）》指出："青年是国家的未来、民族的希望。青年兴则民族兴，青年强则国家强。促进青年更好成长、更快发展，是国家的基础性、战略性工程"，② "党的十八大以来，以习近平同志为核心的党中央高度重视青年发展事业，反复强调青年一代有理想、有担当，国家就有前途，民族就有希望，实现中华民族伟大复兴就有源源不断的强大力量；进一步明确中国特色社会主义青年运动方向，全面加强对青年的思想政治引领和成长成才服务，制定实施一系列促进青年发展的政策措施，激励引导青年与民族同命运、与祖国共奋进、与时代齐发展，为广大青年指明了正确成长道路，创造了良好成长环境。"③ 党的十九大报告指出："青年兴则国家兴，青年强则国家强。青年一代有理想、有本领、有担当，国家就有前途，民族就有希望。""全党要关心和爱护青年，为他们实现人生出彩搭建舞台。广大青年要坚定理想信念，志存高远，脚踏实地，勇做时代的弄潮儿，在实现中国梦的生动实践中放飞青春梦想，在为人民利益的不懈奋斗中书写人生华章！"④

要做好青年大学生的价值观引领工作，需要直面当前剧烈变化的社会现实，需要深入了解青年大学生的思想现状。当今社会急剧变革，世界范围内的思想文化交融碰撞，意识形态领域的斗争日趋复杂，意识形态的主要作用方式也由政治鼓动向价值渗透、由诉诸逻辑力量向倚重感性力量转

---

① 《习近平谈治国理政》第2卷，外文出版社2017年版，第377页。
② 《中长期青年发展规划（2016—2025年）》，人民出版社2017年版，第1页。
③ 《中长期青年发展规划（2016—2025年）》，人民出版社2017年版，第2页。
④ 《中国共产党第十九次全国代表大会文件汇编》，人民出版社2017年版，第56页。

变。具体体现在：当代意识形态斗争的聚焦点向文化商品的消费方式及生活方式构建转变；意识形态斗争方式向学术话语权争夺和学术话语的构建转变；网络等新媒体成为争夺意识形态影响力的风向标。面对这一系列转变，青年大学生应怎样走好自己的人生路，应树立怎样的人生价值观，是一个值得思考的问题。

本书是北京高校中国特色社会主义理论研究协同创新中心（清华大学）"社会主义核心价值观与高校思想政治理论课建设协同创新中心"的重要选题之一，目的是通过对覆盖全国的各类高校的广泛调查，从当代大学生的思想特点、教育背景、人文素质和社会诉求等方面着手，以定量和定性相结合的方式，研究新时代中国大学生的政治思想特点，包括思想状况、思想动向、思想变化、对特定政治事务与政治活动的思想认知以及如何用习近平新时代中国特色社会主义思想对大学生的政治观、国家认同以及社会实践等予以指导，使其在学习、生活、工作中自觉践行习近平新时代中国特色社会主义思想。本选题承担了协同创新中心（清华大学）关于大学生思想状况调查这一基础性的工作，既服务于协同创新中心（清华大学）的整体研究工作，也为有关部门和单位加强高校思想政治工作和制定青年政策提供基本数据支撑。

二、研究目标与主要框架

本书研究的目标是新时代大学生的思想状况与实践拓展，主要研究党的十八大以来大学生的思想状况和用社会主义核心价值观对大学生进行思想引领的思想基础和实践路径。

对于"思想状况"的调查，主要从政治认同、文化认同、发展成就认同和社会实践状况等五个方面进行调查，并通过不同年级、不同地域、不同专业的比较，勾画出新时代大学生的思想特点。

对于"实践拓展"方面的研究，既要考察现有的实践活动的现状和效果，又要考察社会主义核心价值观对大学生价值观引领的成效、存在的问题和需要改进的方面。

从整体上来说，思想状况与实践拓展是知与行的合一，没有思想状况的调查分析，则实践拓展就是无的放矢；而大学生思想的现状本身与实践拓展的环节息息相关，不可分割。因此，本书的研究不能割裂思想状况与实践拓展的有机联系。

在章节划分上，第一章为基础理论和相关概念，为本书奠定理论基础。第二章至第四章是对国家和社会认同、文化认同、治国理政的成效认同方面的调查分析，为课题的基本数据部分。第五章至第六章为比较分析部分，分别从不同专业、不同年级等方面大学生的思想和行为特点进行比较分析。第七章为大学生社会实践的观察和分析。第八章为对策、建议部分，对大学生的思想政治工作和实践引领提出对策建议。

三、研究方法

方法问题至关重要。我们带着问题去寻求相应的研究方法，这是坚持理论研究与实践运用相结合、历史考察与逻辑分析相统一的方法论原则，这样做有利于增强研究的针对性和科学性。新时代大学生思想特点与社会实践拓展研究还要特别注重调查研究和数据分析，坚持实事求是的原则和精神，确保大学生思想特点与社会实践拓展的研究要立基于坚实可靠的实证调查的基础上，这就需要充分运用实证分析的研究方法。

（一）实证调查分析法

新时代大学生思想特点与社会实践拓展的研究是针对大学生这一特殊群体展开的一项研究，研究的主要任务是对大学生思想特点，包括思想状况、思想动向、思想变化、对特定政治事务与政治活动的思想认知以及如何用习近平新时代中国特色社会主义思想、社会主义核心价值观对大学生的政治观以及社会实践予以指导，使其在学习、生活、工作中自觉地以习近平新时代中国特色社会主义思想为指导，自觉践行社会主义核心价值观。基于研究的任务，需要通过实地走访、调查或者通过设计调查问卷来进行实证研究，包括对调查问卷的科学设计、发放、回收、汇总、统计、数据分析等一系列实证研究与调查的具体工作需要完成。实证调查研究能够向人们展示关于研究主题的数据性支撑和佐证材料，比较易于得到民众的广泛认同，具有直观性、可视性、生动性效果。实证调查研究或者实地访谈成为越来越多的研究者喜爱运用的研究方法，当然在这一过程中要注意确保数据的真实性、访问的有效性、样本的代表性，只有这样才能确保实证调查分析结论的真实性和可靠性。

为了解当前大学生思想、观念的真实现状，课题组于2016年11月至2017年3月面向全国部分高校进行了一次问卷调查和深度访谈。问卷和访谈范围涉及东北地区、华北地区、西北地区、西南地区、华南地区、华东地区的十多所高校，共进行问卷和访谈1500多人次。运用SPSS19.0分析软件采取描述性分析、方差分析、探索性因素分析等方法对数据进行相应的分析和处理，同时运用AMOS16.0进行验证性分析确定问卷的科学性和合理性，为研究提供丰富的第一手资料。

（二）文献检索法

查阅相关文献资料是社会科学研究不可或缺的基本手段。本书利用国家图书馆和中国知网等提供的丰富的文献资料和数据库，通过阅读哲学、政治学、社会学、心理学、教育学、管理学、思想政治教育学等关于国家学说、认同理论、思想政治教育等经典文本和权威著作，为本书奠定理论基础。通过大量的阅读、检索、归纳和总结，以此概括出大学生思想特点和社会实践拓展的具体内涵和结构要素，梳理出影响因素，并提出对策。

（三）比较研究法

比较研究法是社会科学研究常用方法之一。新时代大学生思想特点的分析、目标设定等，都离不开历时态和共时态的纵横比较。本书不仅将新时代大学生与上一时期的大学生的思想特点进行比较，将大学生与其他社会青年的思想特点进行比较，而且还对不同专业、年级等作比较研究，以更准确地把握大学生的思想状况和特点，以此增强本书的可信度。

（四）唯物辩证法的分析方法

本书以习近平新时代中国特色社会主义思想为指导，具体运用马克思主义认识论、实践论、联系的观点、发展的观点、社会有机体理论、社会基本矛盾理论、社会发展规律理论、群众史观、社会发展是合规律性与合目的性等基本原理和社会主义核心价值观对大学生进行教育引导的学理依据及其辩证关系进行了深入的阐释、分析和论证。同时，本书还采用共性与个性相统一、系统性和层次性相结合的辩证方法，从动态、静态、纵向、横向等方面考察新时代大学生的思想状况、思想动向、思想变化、对特定政治事务与政治活动的思想认知的变化情况。

四、问卷设计和抽样依据

（一）问卷的总体说明

本课题所做的问卷分为三部分，第一部分为开头部分，主要包括问候语、填表说明、编号内容。第二部分为被调查者的基本信息，包括性别、年级、专业、家庭住址、是否学生干部、政治面貌等。第三部分是问卷的核心部分，即问卷主体部分，主要由问题题干和答案选项共同组成。其中主体部分采用五级里克特量表（Likert scale），同一概念的项目用加总方式来计分，单独或个别项目是无意义的。该量表是由美国社会心理学家里克特于1932年在原有的总加量表基础上改进而成的。该量表由一组陈述组成，每一陈述有诸如"非常同意"、"同意"、"不一定"、"不同意"、"非常不同意"五种回答，分别记为5、4、3、2、1，每个被调查者的态度总分就是他（她）对各道题的回答所得分数的加总，这一总分可说明他（她）对该问题态度的强弱或他（她）在这一量表上所呈现的不同状态。

(二) 问卷设计的原则

第一，合理性。在本次调查中，问卷的内容设计主要围绕新时代大学生的思想特点和实践拓展来确立，在此内容基础上设计出符合现实、兼具理论意义和实践意义的问卷内容。

第二，普遍性。本次调查的问卷内容主要围绕新时代大学生的思想特点和实践拓展所涵盖的大学生的政治认同、文化认同、发展成就认同、重大事件的态度以及社会实践状况等方面展开，同时考虑此内容的现实反映，以符合现实规律、逻辑的方式提出问题，保证问题的普遍适用性，能够在此问卷中反映出具有现实性、普遍性的问题及其所体现的规律。

第三，逻辑性。在此次调查研究的问卷设计中，课题组从新时代大学生的思想特点和实践拓展问题出发，从多个层面、多种角度入手，建立起具有完整逻辑性和规律性的问卷内容架构体系，让此问卷能够涵盖和概括出此次研究的主要内涵和理念。

第四，明确性。该问卷的明确性主要表现在新时代大学生对中国特色社会主义道路、中国特色社会主义理论、中国特色社会主义制度、中国特色社会主义文化等方面的认知、认可、理解以及进一步延伸和升华等方面，问卷能够深刻切入研究关注的中心点，真实反映出此次研究所需要的相关信息。

第五，非诱导性。我们对问卷调查对象的抽取是随机的，同时问卷内容的设计保持客观性、逻辑性，不掺杂问卷设计者的主观理念，问卷以收集真实数据为目的，为纯粹的研究目的服务。

第六，便于整理和分析。在本次调查中，问卷的整理和分析主要通过相关软件来达成，以求得出最真实、最客观的结果。

(三) 问卷的基本内容

问卷涵盖的内容包括六个部分，分别是：

第一，被调查者的基本信息，包括性别、年级、专业、家庭住址、是否学生干部、政治面貌等。

第二，新时代大学生的思想状况，主要包括其人生观、价值观、政治倾向、生活基本状况、信息来源渠道等。

第三，新时代大学生的政治认同状况，主要包括对国家认同、社会认同以及对特定政治事件的认识等。

第四，新时代大学生的文化认同状况，主要包括对中国优秀传统文化、革命文化和社会主义先进文化的认同等。

第五，新时代大学生对治国理政成效的状况，主要从民生就业、教育公平、医疗改善、改革创新和综合国力六个方面来加以体现。

第六，新时代大学生的社会实践的状况，主要从大学生参加社会实践的信息渠道、持续时间、个人喜好和实践内容、实践收获、实践活动的支持措施、实践活动的不足和问题等方面来体现。

（四）抽样设计和实施情况

为了使调查具有充分的代表性，保证一定的精度及准确度，本次问卷调查采取分区域、分类型随机抽样的方式，具体步骤有二：一是面向全国范围，将全国划分为东北、华北、西北、西南、华南、华东六个地区，每个地区各选取1—2所高校；二是每所高校在兼顾民族、性别、年级、家庭、政治面貌等因素的基础上随机抽取200名左右的学生作为样本。

从调查问卷的实施情况看，共收取广西大学、广西民族师范学院、广西师范大学、广西师范学院、桂林电子科技大学、哈尔滨理工大学、陕西师范大学、新疆师范大学、郑州大学、中国青年政治学院等十所高校的问卷共1500份，其中有效问卷1340份。从被调查对象的民族状况看，涵盖汉族（77.6%）、回族（8.9%）、维吾尔族（1.9%）、蒙古族（0.8%）、壮族（4.6%）、藏族（1.2%）以及白族、苗族、塔吉克族、土家族、佤族、瑶族等其他少数民族（4.9%）（见表0—1）。

表0—1 民族状况表

分类 \ 项目	频率	有效百分比
有效 汉族	1020	77.6
回族	117	8.9
维吾尔族	25	1.9
蒙古族	11	.8
壮族	61	4.6
藏族	16	1.2
其他	65	4.9
总计	1315	100.0

从被调查者的年级来看，涵盖大一（45.6%）、大二（28%）、大三（24.5%）、大四学生（1.8%）以及硕士研究生（0.1%）。

从专业情况看，主要为人文社科类（44.4%）和理工类（37.7%）（见表0—2）。

表0—2 专 业

分类 \ 项目	频率	有效百分比
有效 人文社科类	574	44.4
理工类	488	37.7
医学类	4	.3
农林类	27	2.1
艺术体育	58	4.5
其他	142	11.0
总计	1293	100.0

五、研究综述

自改革开放以来,我国经济社会迅猛发展,人民生活水平日益提高。但伴随着这些变化,也产生了诸如贫富差距加大、城乡差距扩大、东西部差距拉大、官员贪污腐败等问题。同时国际上风云变幻,西方敌对势力一直没有放弃对中国和平演变的努力,这些变化都深刻地影响着我国大学生的思想和观念。大学生是国家的未来、民族的希望,大学阶段又是大学生世界观、人生观和价值观形成的关键时期。因此,了解新时代大学生的思想状况,并加以有针对性的引导,是新时代一项重大而紧迫的战略任务。近年来我国理论界就大学生思想状况和社会实践状况这些问题从不同侧面、不同角度展开了研究,取得了一定的成果。与本书研究相关的研究成果具体有以下几个方面。

(一)大学生一般思想状况及思想政治教育的研究

改革开放40年来,国内许多学者从不同角度对我国大学生的世界观、人生观、价值观、政治观等思想状况进行了研究。

1986年,杨德广利用座谈、调查问卷的研究方法,对上海高校学生的学习、生活、心理、思想等情况进行了调查分析,并在文章《从旁观到批评到拼搏——上海四千名大学生的政治观剖析》中指出:大学生思考社会问题的形式由从现在反思过去转变为从现在考虑将来。文章总结了当时青年大学生的思想状况:大部分学生对经济建设抱乐观态度,对人民生活水平逐步提高和实现小康水平有信心,对改革有信心,但也有少部分学生对党风和社会风气的根本好转缺乏信心。有一些学生产生社会恐惧感,害怕接触现实,不愿早日踏进社会。①

1989年,孙嘉明和林建鸿对当时大学生的政治观等思想状况进行了总

---

① 杨德广:《从旁观到批评到拼搏——上海四千名大学生的政治观剖析》,载《青年研究》1986年第12期。

结，分析了存在的问题，并提出了相关对策。文章认为，大学生的政治意向与信念正发生着潜在的然而是持续的深层变化：一是政治关心的深层化趋势；二是政治取向与信念的"认同模糊"；三是政治意向与信念的外投趋势。[①]

在 20 世纪 90 年代，越来越多的学者投入到对大学生思想状况的研究中。1990 年，杨唯真等主编的《大学生思想政治教育十年的回顾与反思》，针对大学生学潮，回顾了大学生学潮前后的心态和动因，对高校思想政治教育工作进行了反思，并总结和探索了思想政治教育的途径和方法。[②] 同年，邢世满等发表了《大学生思想政治教育十年反思》一文，文中总结了十年来大学生思想政治教育的主要特点：一是教育观念发生了根本转变，不再是整人、批人，而是关心人、爱护人、理解人、尊重人；二是在教育方针上，德智体三者的关系被重新确认；三是开展了一系列声势浩大的教育活动，如文明礼貌月，学习张华、张海迪、朱伯儒、蒋筑英等；四是正规化的大学生思想理论教育日趋深化。存在的主要失误是对国际大环境变化缺乏足够认识，全社会放松了思想政治工作，舆论导向出现了偏差，对西方文化渗透的消极影响估计不足，党内不正之风严重损害了党在青年大学生中的形象和威望。[③]

1992 年，学者于双祥、刘元璋在文章《当代大学生政治观中立现象的成因》中指出，一些大学生政治观的中立是由于对主导政治观认同减弱而对非主导政治观的认同加强产生。文章分析，大学生政治观中立现象可以分为三类：一是政治冷漠型；二是政治骑墙型，即对政治现象感兴趣，愿意参加政治活动，但对政治现实的评价暧昧模糊；三是双重政治人格，即

---

① 孙嘉明、林建鸿：《大学生政治社会化：现状、问题及对策——大学生政治文化观调查》，载《社会科学》1989 年第 12 期。
② 杨唯真、杨洪杰、王贵福：《大学生思想政治教育十年的回顾与反思》，黑龙江教育出版社 1990 年版。
③ 邢世满、张光宗、顾一中、栾利杰：《大学生思想政治教育十年反思》，载《东岳论丛》1990 年第 4 期。

一个场合一个面孔，会上"唱高调"，会后"乱放炮"。①

1995年，沈群香对大学生政治观的特点、影响大学生政治观的因素等进行了探讨和分析。她认为，大学生政治观的形成有赖于社会环境、学校教育和个体的主观内化等主客观两方面的因素。②

1997年，蔡陈聪对比了20世纪80年代和90年代大学生价值观的变化，认为大学生价值观的变化是围绕自我与社会展开的探索与重建过程。他认为，大学生价值观变化的基本走向表现为：一是价值主体由偏向于自我化转向自我和社会并存；二是价值取向由偏重于功利化转向义利并重；三是价值目标由短期化转向短期与远期相结合。③ 1998年，陈国祥对大学生的基本政治立场和政治观发展趋向进行了分析。④

1999年，佘双好认为，20年来，大学生群体心态发生了巨大变化，其演变发展过程极为复杂，具有一定的阶段性，整个过程交织着两条不同的主线：一条是激昂奋进的、积极的、向外辐射的心态。一条是消沉的、困惑的、矛盾的、向内闭锁的心态。在大学生群体心态演变的过程中，价值观念也发生了一些深刻的变化：从价值主体来看，大学生逐步确立了个体的主体地位和以能力为本位的价值观，并以相对独立的身份参与社会；从价值取向来看，大学生从比较注重理想和追求，到比较注重现实和功利，把理想追求和现实功利结合起来；从价值评价标准来看，具有明显的双重性。他们往往以集体主义的标准要求别人，对自己却采取利己主义的价值标准；从价值观念来源来看，以往大学生的价值观念主要来源于书本，遇到问题后常常通过阅读，

---

① 于双祥、刘元璋：《当代大学生政治观中立现象的成因》，载《青年研究》1992年第5期。
② 沈群香：《当代大学生政治观探析》，载《江汉大学学报》1995年第4期。
③ 蔡陈聪：《当代大学生价值观的变化及其导向》，载《探索》1997年第3期。
④ 陈国祥：《对当代大学生政治观的调研与思考》，载《中国高教研究》1998年第6期。

在书本中寻找解决问题的途径。在社会主义市场经济条件下，大学生的价值观念主要来源于社会，他们越来越从现实生活中寻找他们认为正确的价值观念。大学生价值观念的发展呈正弦取向波动的特征，具有整合化趋势和日益成熟的特点。①

进入21世纪，随着我国经济社会的进步以及网络技术的迅速发展，整个世界处于信息大爆炸时代。与此同时，我国高等教育规模扩大，大学生人数激增，但许多高校的相关配套资源和措施跟不上，教育质量一度成为社会争议的热点。而大学生的世界观、人生观、价值观、政治观等思想状况发生了许多新变化，呈现出与以往不同的特点。

2001年，陈姗认为大学生思想道德状况虽然还存在诸多问题，但在总体上是积极健康的。② 2002年，赵英对20年来大学生价值观变化状况进行了梳理，认为大学生价值观的变化反映了经济社会的发展和时代的变迁。她认为，大学生的价值观变化可以分为四个时期：一是觉醒和复苏时期；二是反思与批判时期；三是裂变与冲突时期；四是回归与多元时期。③

2003年因马加爵事件的发生及中共中央对大学生思想政治教育的重视，学者们对大学生思想状况的研究达到一个高潮。

2004年，梁海波指出，当代大学生的思想道德素质总体上是比较好的，但也存在一些问题，使大学生思想道德素质呈现出新的特点。④

2005年，黄希庭和郑涌编著了《当代中国青年价值观研究》一书，该书从心理学角度采用实证研究方法对青年的价值观问题进行全方位研究。

---

① 佘双好：《当代大学生价值观念发展特点及趋势分析》，载《青年研究》1999年第3期。
② 陈姗：《新世纪大学生思想道德状况分析与对策》，载《广东医学院学报》2002年第1期。
③ 赵英：《二十年来大学生价值观变化轨迹探析》，载《山东省青年管理干部学院学报》2002年第5期。
④ 梁海波、段新玲：《大学生思想道德素质现状及影响因素分析》，载《新疆社科论坛》2004年第5期。

本书共分12章，主要介绍了当代中国青年的需要、当代中国青年的人生价值观、当代中国青年的政治价值观、当代中国青年的道德价值观、当代中国青年的知识价值观、职业价值观、人际价值观、婚恋价值观、审美价值观、宗教价值观以及当代中国青年的自我观等内容。①

中华女子学院孙卫华对中华女子学院的调查显示，当前女大学生思想特点缺陷主要表现为：知识面窄，应用能力欠缺，学习的动力仍以被动应付考试为主。一部分女生则只将眼光局限于所学专业的课本上，很少涉猎相关知识或其他专业书籍，甚至对社会焦点问题、重大事件都缺乏关注的热情，政治敏感度也极为欠缺。②

2006年，李萍和钟鸣华主编出版了《道德的选择——来自大学生心灵的报告》，该报告全方位系统考察了1992—2002年间我国大学生在学习、德行、恋爱等方面的状况。从相对主义与契约意识来解读大学生的道德选择，从经济维度的道德考验来审视消费、金钱与劳动的关系，探讨了大学生的政治情怀，主要包括爱国情怀、民主意识和法权意识，探讨了大学生在人际交往、婚恋交友、德性修养等方面的状况。③

2007年，江西师范大学陈愈湛对江西省4所高校的大学生进行了思想政治状况问卷调查表明，江西省高校大学生思想政治状况的现状表现为以下特点：第一，大学生道德主流是积极的、良好的；第二，在实际生活中对党和国家的基本政策、基本路线和基本方针的了解和认识存在不足，自由主义倾向较重；第三，大学生婚恋观念模糊、淡漠，恋爱与婚姻的不对称现象越来越严重；第四，大学生学习动机趋向多元化，也呈现出较为世俗的动机，行为、方式、层次上表现出浓厚的实用主义；第五，大学生找

---

① 黄希庭、郑涌：《当代中国青年价值观研究》，人民教育出版社2005年版。
② 孙卫华、张霞：《当代女大学生思想特点与思想政治工作研究——对中华女子学院经济管理系学生的调查与分析》，载《中华女子学院学报》2005年第4期。
③ 贺希荣、罗明星、朱美华：《道德的选择——来自大学生心灵的报告》，人民出版社2006年版。

不到有效的发泄途径，造成心理压力过大。①

2008年，张爱萍、邓昌豫回顾和总结了30年来我国高校大学生思想政治教育的发展历程并探讨了30年来大学生思想变化轨迹。文章认为，从30年来大学生思想政治的变化轨迹看，从整体和主流上，已经从单纯、冲动、不成熟走向了冷静、客观、成熟、理智、宽容、多元。大学生思想政治状况与改革开放的力度相关，与中国国际地位和面临的国际形势相关，与经济发展和社会进步相关，与高校思想政治教育相关，与青年人的生理和心理成熟度相关，与高校校园文化相关。②

北京师范大学管永前对北京师范大学、北京理工大学、北京地质大学等8所高校进行了大学生思想政治教育抽样问卷调查，认为当前大学生思想政治教育面临的主要问题主要表现为5个方面：一是政治观念淡化，思想认识模糊；二是入党动机趋向实用，党团组织吸引力不足；三是宗教信仰问题开始凸现，外来宗教文化影响加大；四是兼职现象较为普遍，学习目的不够明确；五是就业和学习压力大，心理问题日渐增多，如人际交往障碍、网络上瘾症、网络孤独症等。③

河北科技师范学院杨飞对大学生马克思主义信仰教育现状调查显示，高校对大学生进行的马克思主义信仰教育起到了一定的效果。表现在：大学生对马克思主义信仰的主流还是积极的、正确的，但也要清醒地看到，部分大学生还存在着马克思主义信仰淡漠的倾向，对社会主义最终战胜资本主义、在全世界实现共产主义的信心不足，个人信仰和价值观趋向多元

---

① 陈愈湛、任斌：《大学生思想政治状况调查及对策研究》，载《卫生职业教育》2007年第1期。
② 张爱萍、邓昌豫：《改革开放30年大学生政治思想轨迹及规律探析》，载《石河子大学学报（哲学社会科学版）》2008年第6期。
③ 管永前、周成龙：《大学生思想政治教育状况：问题与对策——来自北京部分高校的调查》，载《晋中学院学报》2008年第5期。

化和功利性，不太关心国家政治等危险信号。①

  2010年，共青团江汉大学委员会对武汉高校大学生政治思想状况进行了比较研究，问卷内容包括基本情况、政治意识、人生价值观、文明行为意识、就业择业观念、恋爱婚姻观念等六个方面，目的是全面考察"80后"和"90后"大学生的思想政治状况。通过问卷分析，发现"80后"和"90后"大学生在政治思想状况上的情况基本相同，但也存在一些差异。在入党问题上，"90后"的大学生虽然在要求入党的人数比例上较"80后"的大学生要少一些，但他们的社会责任和理想追求却比"80后"要高很多。在价值取向上，"90后"大学生更加关注自己的身体健康，"80后"则相对重视家庭的幸福；"80后"大学生在考虑自身发展的同时也更多地考虑国家西部的发展问题，而"90后"大学生则更加关注环境和自身的发展；在文明行为意识方面，"80后"和"90后"在社会公德意识、自控力和环保意识方面都存在着一定的不足之处。②

  2012年，叶玉清、肖文学分析了新时代大学生思想道德的现状：政治立场坚定与政治意识有所淡薄并存；价值取向多维度与功利化趋向并存。而产生这些问题的原因有两个方面：一是社会大环境的变化，这是外在原因；二是自身的变化，这是造成大学生道德困惑和混乱的内在原因。③

  2013年，姜玉洪、朱振林、王宏宇对黑龙江在校大学生思想状况进行了问卷调查，调查问卷共设计题目68个，涉及大学生对国家、社会和党的领导的关注与理解，对理想信念、价值观念、道德修养的评价和理

---

① 杨飞、刘海华、田景文、姚英华：《大学生马克思主义信仰教育现状调查报告》，载《河北科技师范学院学报（社会科学版）》2008年第2期。
② 共青团江汉大学委员会：《"80后"与"90后"大学生政治思想状况的比较研究——以武汉高校大学生为研究对象》，载《江汉大学学报（社会科学版）》2010年第2期。
③ 叶玉清、肖文学：《新时代大学生思想道德现状及对策浅析》，载《思想理论教育导刊》2012年第1期。

解，对心理问题、学习生活、人际交往、就业观念的认知与理解等方面。调查表明：其一，当代大学生政治意识敏锐，理想坚定，思想主流保持积极、健康、向上的良好态势；其二，当代大学生认同集体主义和奉献精神，人生追求有务实趋向，价值观向多元化方向发展；其三，当代大学生对网络的依存度高，但欠缺对网络的正确认知，网络对大学生产生了双重影响，在通过网络获得丰富知识的同时，网络信息良莠不齐、真假难辨，不同观点、不同文化、不同价值观很容易造成大学生思想的混乱；其四，当代大学生学习能力强，自主学习意识差，生涯规划模糊，大学生综合能力亟待提高。①

2015年，梅平乐基于河南省高校的调查，分析了"90后"大学生的思想状况：一是学生普遍关心国际国内形势与国家经济发展，对国家在各方面取得的巨大成就认可度高；二是学生的入党态度比较积极，入党动机呈现出多元化；三是在个人价值观方面，大学生努力向上、追求进步占主流，其择业观念更加实际、更加灵活，面对激烈的职场竞争其心态更加冷峻、更加淡定，在行动层面上更加重视规则，在机会面前更加注重实力；四是大学生心理状态基本健康，但"亚健康心理"学生数量增加。②

（二）大学生政治认同方面的研究

政治认同是政治生活中一个重要的命题，同时也是当前政治学、哲学、心理学、教育学、社会学等诸多学科关注的共同问题。

目前，国内的学者对于政治认同的理论研究，主要包括政治认同的概念、内容、结构、功能、类型、来源、逻辑等。其中，阎琦的《中国政治文化——民主政治难产的社会心理因素》是对中国公民政治认同研究比较

---

① 姜玉洪、朱振林、王宏宇：《当代大学生思想状况调查与分析——以黑龙江省在校大学生为例》，载《黑龙江高教研究》2013年第9期。
② 梅平乐：《"90后"大学生思想状况调查分析》，载《学校党建与思想教育》2015年第20期。

早的成果；马振清所著的《中国公民政治社会化问题研究》是较为系统研究中国公民政治认同问题的专著。另有一些硕博论文对政治认同理论进行了研究。方旭光在其博士论文《政治认同的基础理论研究》中形成了基础理论的基本构架，他把政治认同的对象分为五个方面：一是政治价值认同；二是政治实体认同；三是结构要素认同；四是政治工具认同；五是政治效能认同。① 复旦大学李素华的《对政治认同的功能和资源分析》一文中讨论了政治认同的功能，包括三个方面：一是使得政治思想得到认同，二是使得政治体制得到认同，三是使得方针政策得到认同。②

关于大学生政治认同的基础性理论研究方面。大多数专家学者都认为大学生的政治认同是一种情感上的依附和归属感。郎翠艳认为，大学生政治认同包含三大要素，即认同主体、认同客体和认同逻辑。从政治认同对象角度分析，主要涵盖以下几个方面：一是国家认同；二是民族认同；三是政党认同；四是政府认同；五是政策认同。③ 韩晓峰认为，政治认同可以划分为四种状态，即弥散型、延缓型、排他型和成熟型；包括国家认同、民族认同、政府认同、政策认同等。④

关于大学生政治认同的现状分析，每位研究者都有自己的见解，但总体来说大部分研究者都认为目前我国大学生政治认同状况是良好的。如2013年，戴建波就湖北省七所高校大学生政治认同的现状作了调查分析，此次调查将"政治认同"分解为政治认知、政治情感、政治参与、政治信任和政治效能感五个维度予以观测。此次调查发现，大学生的政治参与呈现矛盾现象：对具体政治事件认知较高，对常规政治机制运行认知较低；较强的政治参与意识与较低的政治参与度；对执政党认同较高，对政府及

---

① 方旭光：《政治认同的基础理论研究》，复旦大学2006年博士学位论文。
② 李素华：《对政治认同的功能和资源分析》，复旦大学2005年博士学位论文。
③ 郎翠艳：《当前大学生政治认同状况的实证研究——以日照大学城三校为样本》，曲阜师范大学2009年硕士学位论文。
④ 韩晓峰：《大学生政治认同状态模型理论构建与实证研究》，吉林大学2006年博士学位论文。

其相关机构缺乏信任。

对于影响大学生政治认同的要素，有学者认为，高校思想政治理论课的实效性与大学生政治认同呈正相关。① 有学者从互联网时代的背景出发，认为主体与环境是影响当前大学生政治认同的两大因素。② 陈巧玲、陈英涛、李晓丹、李文以福建省高校为例，从微观变量，特别是年级差异的角度分析影响大学生政治认同的主要因素和对策路径。③

对于提高大学生政治认同对策研究方面。如何针对大学生群体的基本特征和政治认同现状，促进大学生形成符合党和国家需要的政治认同，是理论界研究大学生政治认同问题的重要内容，学者们试图从多个视角为提高大学生政治认同提出对策建议。李大棚对大学生政治认同面临的困境进行了分析，指出我国社会转型期的矛盾冲突引发了大学生政治信仰和政治认同的迷茫，作者运用现代社会冲突理论提出了对策。④ 温伟从当代大学生政治认同的现状出发，提出要从国家政治、经济、社会发展的角度为大学生政治认同提供物质基础和政治保障，同时也要推动高校思想政治教育的改革与创新，还要充分利用网络媒体，结合家庭与社会、学校的合力提高大学生政治认同度。⑤ 魏来、涂一荣以华中地区五所高校的大学生为研究样本，研究了当前大学生政治认同问题，他们提出要建立新型的思想政

---

① 张宾州：《高校思想政治理论课对大学生政治认同影响研究》，载《长春理工大学学报（社会科学版）》2009年第3期。
② 姜孟升：《主体与环境：当前大学生政治认同的两大因素分析及对策研究》，载《社科纵横》2012年第9期。
③ 陈巧玲、陈英涛、李晓丹、李文：《微观变量对福建省大学生政治认同的影响》，载《厦门理工学院学报》2012年第1期。
④ 李大棚：《现代社会冲突理论视阈下大学生政治认同的困境及对策》，载《党史文苑》2015年第6期。
⑤ 温伟：《当代大学生政治认同的现状、影响因素及对策》，载《产业与科技论坛》2014年第12期。

治教育体系，培养大学生的政治认知能力和政治参与能力。①

（三）大学生价值观教育方面的研究

关于大学生价值观教育之研究，近年来从理论到实践，一直都是学界研究的热点问题。长期以来，学者们分别从理论和实践的维度进行不同层次的研究。2006年，党的十六届六中全会首提"建设社会主义核心价值体系"之后，关于大学生价值观教育的理论研究，随即开始升温。针对大学生的价值观引领方面的研究，主要从意义和方法路径两个方面进行概述。

关于大学生价值观教育的意义。有学者从五个方面进行研究：一是推进中国特色社会主义事业的内在要求；二是为实现中国梦凝聚正能量；三是我国文化软实力建设与提升的迫切需要；四是有利于提高全体社会成员的思想道德水平；五是总结古今中外经验教训得出的必然结论。② 有学者认为，大学生价值观教育是保障中华民族精神与文化特色的战略需要，是培养全面发展的社会主义人才的现实需要，是促进和谐校园文化建设的深层需要。③

关于大学生价值观教育的方法路径的研究。

一是课堂教学路径。对于大学生的价值观教育来说，课堂教学依然是主渠道和主阵地。有学者在研究中指出，社会主义核心价值观贯穿高校思想政治理论课要厘清"为什么要贯穿"和"如何把握与理解"的基本问题；在思维转换上实现政治话语与学术话语、理性世界与生活世界、社会

---

① 魏来、涂一荣：《当前大学生政治认同及政治参与的现状、问题和对策——基于华中地区五所高校969名大学生的问卷调查》，载《湘潮》（下半月）2013年第8期。

② 李建华、夏建文：《立德树人之道：大学生社会主义核心价值观的培育与践行研究》，人民出版社2015年版，第17—26页。

③ 徐园媛、谭自慧、罗二鹏：《大学生社会主义核心价值观教育创新模式的构建》，西南交通大学出版社2014年版，第21—27页。

价值取向与个人价值取向的耦合与对接；在方式选择上做到因势而谋、因势而动、顺势而为，实现社会主义核心价值观贯穿思想政治理论课教学全过程。① 周琪指出，社会主义核心价值观融入思想政治理论课，需要依托教材整体性、教学话语和多元化教学模式建设，其实现路径呈现为生活情境创设、问题探究课程建设和活动资源开发的统一。② 韩文乾认为，思想政治理论课教学中，教育者要善于在"小故事"方面进行探索，将"小故事"融入"大理论"中；在教学机制方面，要善于从"小细节"入手，由"小细节"转入"大问题"中；在教学理念方面，要善于将"小个体"延伸到"大环境"中。③

二是有关社会实践路径方面的研究。社会实践是大学生社会主义核心价值观教育的重要途径。有学者在研究中指出：社会实践可推动大学生在思想层面对于社会主义核心价值观的现实意义进行深入理解，还有利于大学生在实践行动中自觉践行和传播社会主义核心价值观。④ 对于加强社会实践的路径研究，赵欣提出，要在"扩面、提质、接地"方面下功夫。"扩面"就是明确社会实践教育的主要指导原则，扩大学生社会实践影响面和覆盖面；"提质"就是进一步深化社会实践课程化的发展，增强社会实践的针对性和有效性；而"接地"就是进一步健全社会实践的保障功能和机制，进一步完善大学生社会实践的考评管理。⑤

---

① 曹群、郑永廷：《社会主义核心价值观贯穿高校思想政治理论课教学的要义》，载《思想理论教育导刊》2015年第2期。
② 周琪：《社会主义核心价值观融入高校思想政治理论课的三个转向及实现》，载《思想教育研究》2015年第12期。
③ 韩文乾：《高校社会主义核心价值观教育的基本路径和关键环节》，载《河北大学学报（哲学社会科学版）》2015年第4期。
④ 焦敏、黄德林：《基于社会实践视角的大学生社会主义核心价值观培育研究》，载《学校党建与思想教育》2015年第10期。
⑤ 赵欣：《社会主义核心价值体系教育视域下的高校社会实践教育》，载《教育与职业》2015年第22期。

三是网络新媒体路径方面的研究。有学者在研究中认为，利用网络新媒体开展社会主义核心价值观教育，其途径主要包括网络文化产品创造、网络传播平台建设、网络生态环境治理等。社会主义核心价值观教育与网络新媒体之间相互依赖，通过互联网进行教育活动，使社会主义核心价值观深入人心。[①] 在网络新媒体广泛使用的当代生活中，要利用好网络新媒体的正能量，使其成为大学生社会主义核心价值观教育的重要载体。

六、本书研究的创新与不足

本书的研究聚焦于新时代大学生思想状况的新变化，通过问卷调查与深度访谈相结合的方法，深入分析大学生的思想特点，力求把握最新动态。同时，本书从政治认同、文化认同、治国理政成效认同、不同领域的比较和基于认同基础上的实践拓展出发，研究当代大学生思想呈现出的新特点，从涵盖内容的广度和知行合一的有效性方面都有所创新。本书不足在于，调查数据的样本量还不够大，访谈还不够深入，对现状的跟踪研究才刚刚开始。随着本书研究内容的持续进行，以上问题将逐步得到解决。

[①] 关洁：《社会主义核心价值观的网络培育途径》，载《当代世界与社会主义》2013 年第 2 期。

第一章　大学生思想与社会实践的基本理论问题研究

把"每个人自由而全面地发展"看作未来社会的基本特点之一是马克思主义的一个基本观点。关注当代大学生思想特点，关注其思想认同状况，这与马克思主义重视"人的发展"这一观点是相吻合的。由此必须对当代大学生思想特点、认同状况进行研究，通过调查和分析，对一些重要的理论假设进行验证和进一步的阐释。进行这样的研究，首先需要在理论层面对可能涉及的概念和不同概念之间的关系等，作一些说明或阐释。

第一节　思想认同与思想政治教育

调查是基础，目标是指引。目标是人的实践活动与动物的本能活动相区别的重要标志。"人离开动物越远，他们对自然界的影响就越带有经过事先思考的、有计划的、以事先知道的一定目标为取向的行为的特征。"[①] 对于其基本范畴必须面向整个政治体系的大学生思想政治教育而言，这种"计划的"以及"一定的"目标更多涉及统治功能及价值认同的满足。可见，认同，确切一点说是思想认同，应该是大学生思想引领的目标。

---

① 《马克思恩格斯选集》第3卷，人民出版社2012年版，第99页。

一、马克思主义关于意识形态引领的基本理论

纵观人类社会发展史，不管是哪一种思想政治教育，其目标指向都与一定阶级或集团的意识形态需求密切相关。

"意识形态"含义丰富。马克思在《〈政治经济学批判〉序言》中明确把"那些法律的、政治的、宗教的、艺术的或哲学的，简言之，意识形态的形式"归属于"庞大的上层建筑"① 的一部分。作为上层建筑的意识形态，它"既是一个哲学范畴，又是一个政治学范畴，还是一个社会学范畴，所以我们把它表述为：意识形态是一种自觉地反映一定社会集团（在阶级社会就是阶级）经济政治利益的系统化、理论化的思想观念体系，是一定社会集团、阶级的政治理想、价值标准和行为规范的思想基础。"② 这些表述很好地揭示了意识形态的本质，特别强调了意识形态作为一种系统化、理论化的思想观念，是统治阶级用来引领本阶级成员思想认识的重要工具。

意识形态在阶级社会中具有阶级性。在马克思那里，意识形态更是被视为"统治阶级的思想"，因为"统治阶级的思想在每一时代都是占统治地位的思想。"③ 也就是说，一种意识形态在取得合法的主导地位之后，为了激发本阶级成员的积极性和主动性，在整个国家治理和人们日常生活中更好地引领本阶级成员思想，巩固其主导地位，必然会通过各种途径对社会成员开展异质性意识形态批判和主导性意识形态引领，不断强化价值唤醒和人文关怀，以此确保自身成为社会"占统治地位的思想"。

对此，"占统治地位的将是越来越抽象的思想，即越来越具有普遍性形式的思想。因为每一个企图取代旧统治阶级的新阶级，为了达到自己的目的不得不把自己的利益说成是社会全体成员的共同利益……赋予自己的

---

① 《马克思恩格斯文集》第2卷，人民出版社2009年版，第592页。
② 郑永廷、叶启绩、郭文亮等：《社会主义意识形态研究》，中山大学出版社1999年版，第4页。
③ 《马克思恩格斯文集》第1卷，人民出版社2009年版，第550页。

思想以普遍性的形式，把它们描绘成唯一合乎理性的、有普遍意义的思想。"① 换句话说，这是一种"在无意识的条件下以'意识'的形式而出现的"体验关系，所以"没有意识形态的种种表象体系，人类社会就不能生存下去。人类社会把意识形态作为自己呼吸的空气和历史生活的必要成分而分泌出来。"②

由此反映在大学生思想政治教育过程中，意识形态引领首先必然要求用取得合法主导地位的意识形态来教育、引领大学生的思想认识。这是意识形态国家机器凝心聚力、为实现本阶级的历史使命而必然开展的教育引领活动，也是当前大学生思想政治教育的首要目的。习近平总书记在2016年12月召开的全国高校思想政治工作会议上强调，"我们的高校是党领导下的高校，是中国特色社会主义高校。办好我们的高校，必须坚持以马克思主义为指导，全面贯彻党的教育方针。要坚持不懈传播马克思主义科学理论，抓好马克思主义理论教育，为学生一生成长奠定科学的思想基础。要坚持不懈培育和弘扬社会主义核心价值观，引导广大师生做社会主义核心价值观的坚定信仰者、积极传播者、模范践行者。"③ 具体说来，当前，我国大学生思想政治教育的首要目的，就是运用无产阶级先进思想，教育、影响、团结大学生群体，使他们真正意识到自己的阶级地位和历史使命，并为之努力奋斗。

思想政治教育的意识形态性需求其次表现为：各统治阶级总是确立本阶级意识形态和主流意识形态并用之引领多样化社会思潮。意识形态具有复杂性，表现为在一定的社会条件下意识形态的多元化存在。"在阶级存在的条件下，有多少阶级就有多少主义，甚至一个阶级的各集团中还各有各的主义。"④ 然而，我们也知道，意识形态是政治权利合法性的解释系统。意识形态能够唤起被统治者对既有规则和秩序的合法性信仰。诺思

---

① 《马克思恩格斯文集》第1卷，人民出版社2009年，第552页。
② [法] 阿尔都塞：《保卫马克思》，顾良译，商务印书馆1984年版，第201页。
③ 《习近平谈治国理政》第2卷，外文出版社2017年版，第377页。
④ 《毛泽东选集》第2卷，人民出版社1991年版，第687页。

说:"占支配地位的意识形态旨在使人们相信现存的规则与正义是共存的。"① 葛兰西也指出:"政党要争取意识形态的领导权而成为一个'历史集团',从而使社会成为一个统一体,所以'在保持整个社会集团的意识形态上的统一中,意识形态起了团结统一的水泥作用。'"② 为此,对于执政党而言,要巩固其统治地位,必须使作为社会意识形态的国家或政党意识形态在社会意识形态中占主导地位。当然,问题的关键是如何使然:如何使执政党坚守的意识形态在多元意识形态体系中占据主导性地位;如何使人们在主导性意识形态指引下形成共同的思想、信仰和价值观;如何使政党或国家提倡的主导性意识形态成为整个社会的主流意识形态。

正如葛兰西所言:"一个社会集团的霸权地位表现在以下两个方面,即'统治'和'智识与道德的领导权'……一个社会集团能够也必须在赢得政权之前开始行使'领导权'(这就是赢得政权的首要条件之一);当它行使政权的时候就最终成了统治者,但它即使是牢牢地掌握住了政权,也必须继续以往的'领导'。"③ 可见,"一个社会不应局限于物质生产和经济交流。它不能脱离思想概念而存在。这些思想概念不是一种'奢侈',对它可有可无,而是集体生活自身的条件。它可以帮助个体彼此照顾,具有共同目标,采取共同行动。"④ 亦如马克思所说:"如果从观念上考察,那么一定的意识形式的解体足以使整个时代覆没。"⑤ 此中,意识形态是对客观存在的社会经济形态和政治制度的反映,是一定的阶级和社会集团根本利益的理论反映。意识形态领域历来是敌对势力同我们激烈争夺的重要

---

① [美]道格拉斯·C. 诺思:《经济史中的结构与变迁》,陈郁等译,生活·读书·新知·三联书店、上海人民出版社1994年版,第60页。
② 转引自宋惠昌:《当代意识形态研究》,中共中央党校出版社1993年版,第25页。
③ [意]安东尼奥·葛兰西:《狱中札记》,曹雷雨等译,中国社会科学出版社2000年版,第38页。
④ [法]吉尔·利波维茨基、[加]塞巴斯蒂安·夏尔:《超级现代时间》,谢强译,中国人民大学出版社2005年版,第111页。
⑤ 《马克思恩格斯全集》第30卷,人民出版社1995年版,第539页。

阵地，如果这个阵地出了问题，就可能导致社会动乱甚至丧失政权。

因此，正如美国政治学家奥罗姆指出："任何社会为了生存下去都必须成功地向社会成员灌输最适合于维持其制度的思想。"① 然而，正如法国学者阿尔都塞所指出的："意识形态并不是供社会成员自由选择的，不管人们是否愿意，他们都得接受。谁不与一个社会的意识形态认可，谁就不可能进入这个社会。所以，意识形态是通过强制的、无意识的方式为社会成员所接受的。"② 出于此考虑，思想政治教育本身的政治特性，特别是其努力以占支配地位的价值观念与思想方式向民众进行教育与灌输，促使全体成员形成共同持有的价值观、信仰的特性，使得思想政治教育成为统治阶级解决巩固政权和治理国家的首选。③

可见，任何统治阶级和政党都需要思想政治教育，它是凝聚一个社会共同意识的"社会水泥"，是一种社会整合的有效的"软力量"。任何一个社会都需要一套社会调控机制来传授、整合进而引领社会中不同层次人们的政治思想、价值观念。

同样，当代中国的大学生思想政治教育，是无产阶级在取得统治地位后，为了在大学生群体中构建统一意识形态引领和强大的后备精神支持、通过教育不断增强本阶级意识形态在广大青年大学生中的影响力，从而确立本阶级意识形态为主流意识形态，并用以凝聚广大青年大学生的思想认识。可见，用无产阶级意识形态引领大学生群体的思想认识，赋予无产阶级意识形态"以普遍性的形式"、转化无产阶级意识形态为社会主流意识形态并用之凝聚广大青年大学生的思想认识，是当前我国大学生思想政治教育意识形态需求的主要表现。当代大学生思想政治教育实践必须服从和服务于党和国家意识形态引领的需求。

---

① ［美］安东尼·M·奥勒姆：《政治社会学导论》，董云虎等译，浙江人民出版社1989年版，第365页。
② 转引自俞吾金：《意识形态论》，上海人民出版社1993年版，第357页。
③ 李合亮：《意识形态·意识形态控制力·思想政治教育》，载《马克思主义研究》2011年第8期。

二、思想政治认同是提升大学生意识形态引领有效性的关键

意识形态引领与思想认同有着密切的联系。意识形态引领，回答的是"我们到底要怎么做"的问题。事实上，只有解决了"我们到底要怎么做"的问题，才能解决"我到底要怎么做"的问题。如果对于"我们到底要怎么做"的问题扑朔迷离，那么"我到底要怎么做"必然是模糊不清的。在此基础上，今天我们强调大学生思想政治教育对大学生群体的意识形态引领，从根本上说，是一个社会的主导意识形态如何与大学生相结合的问题，其中"认同"和"共识"是两个重要的环节。要实现大学生思想意识与社会主义主导的思想意识形态的"共识"，社会主导的意识形态就必须取得大学生思想意识的"认同"。只有获得大学生群体思想意识的认同，社会主导的意识形态才能实现对这一群体的思想引领，达成共识，并内化为大学生的思想意识。

当今时代，对于整个大学生群体而言，思想观念差异、价值多元化的存在都是一个不争的事实。然而，差异、分歧的存在并不意味着思想认同的达成就绝无可能，有时候恰恰是因为认识的深入而发现了分歧，对分歧认识得更为充分，由此而达成思想认同的可能性反而会更大。

那么何谓认同？认同，最早由心理学家西格蒙德·弗洛伊德（Sigmund Freud）提出，特指"个体或群体在感情上、心理上趋同的过程"[①]，"是建立在一个重要的情绪的共同性质之上"[②]，是"自我将环境中的现实对象与本我对满足需要之物的想象相对应的过程"，其本质"不但是'心理'的，它也包含'群体'的概念，是一项'自我的延伸'，是将

[①] 车文博：《弗洛伊德主义原著选辑》上卷，辽宁人民出版社 1988 年版，第 375 页。
[②] 车文博：《弗洛伊德主义原著选辑》上卷，辽宁人民出版社 1988 年版，第 377 页。

自我视为一个群体的一部分'，这是认同的核心。"①

基于此，西方学术界对认同的研究更多地关注认同的"社会性"问题。诸如，受弗洛伊德理论影响，美国社会心理学家埃里克·埃里克森把认同引入社会心理学研究。在他看来，认同是一种熟悉自身的感觉，一种指导个人未来目标的感觉，一种从他信赖的人们中获得期待、认可的内在自信。哈贝马斯则从皮亚杰的个体发生学出发，把"认同归于相互理解、共享知识、彼此信任、两相符合的主观际相互依存。认同以对可领会性、真实性、真诚性、正确性这些相应的有效性要求的认可为基础"②。加拿大哲学家查尔斯·泰勒则从文化的层面来理解和把握认同概念。他强调指出："我的认同是由提供框架或视界的承诺和身份规定的，在这种框架和视界内我能够尝试在不同的情况下决定什么是好的或有价值的，或者什么应当做，或者我应赞同或反对什么。换句话说，这是我能够在其中采取一种立场的视界。"③ 所以，"当它指涉的是社会行动者时，我认为它是在文化特质或相关的整套的文化特质的基础上建构意义的过程，而这些文化特质是在诸意义的来源中占有优先位置的"，因此，"虽然认同也可以由支配的制度产生，但是只有在社会行动者将之内化，且将他们的意义环绕着这内化过程建构时，它才会成为认同"。④

正是因为如此，欧洲学术传统一方面把认同归结为"个体依据个人的经历所反思性地理解到的自我"⑤；另一方面，认为"社会成员平均具有的

---

① 转引自杨韶刚：《西方道德心理学的新发展》，上海教育出版社2007年版，第326页。
② [德] 尤尔根·哈贝马斯：《交往与社会进化》，张树博译，重庆出版社1989年版，第3页。
③ [加] 查尔斯·泰勒：《自我的根源：现代认同的形成》，韩震等译，译林出版社2001年版，第37页。
④ [美] 曼纽尔·卡斯特：《认同的力量》，夏铸九等译，社会科学文献出版社2003年版，第3页。
⑤ [英] 安东尼·吉登斯：《现代性与自我认同：现代晚期的自我与社会》，赵旭东等译，生活·读书·新知三联书店1998年版，第275页。

信仰和感情的总和，构成了他们自身明确的生活体系，我们可以称之为集体意识或共同意识"。① "在个体层面上，认同是指个人对自我的社会角色或身份的理性确认，它是个人社会行为的持久动力。"② 由此可知，认同分为自我认同和社会认同。在"认同"概念的嬗变中，心理学中的认同通常与"自我"紧密相连，注重的是个体层次，其本意是一个个体对另一个个体的接纳。而在社会层面上，认同则是指社会共同体成员对于一定信仰和情感的共有和分享，它是维系社会共同体的内在凝聚力。③ 总之，认同一般是指共同意识，是个人在社会生活中，对所属群体及其社会属性，以及这个群体身份所伴随而来的在情感上与价值上的趋同性，包括国家认同、民族认同、政治认同、文化认同、价值认同等。

在马克思主义看来，认同是源于一个社会的意识形态的思想观念的内化过程。毛泽东曾经说过，"代表先进阶级的正确思想，一旦被群众掌握，就会变成改造社会、改造世界的物质力量。"④ 而"教育，尤其是健全的教育，能够为某种普遍价值理念和伦理规范的主体内化提供并建立较为广泛具体而持续有效的传播方式、解释资源、知识和智力支持、接受机制。这种传播、解释、接受的科学教化机制及其优越效率，是任何其他文化形式所难以媲美的。"⑤ 今天，我们进行思想政治教育工作的根本目的就是要获得包括大学生在内的广大人民群众对主流意识形态的思想认同，并被其所掌握，成为改造社会的物质力量。大学生思想政治教育的过程，就是一个在大学生群体中"化理论为德性"⑥ 的过程。故而，"思想认同"成为新

---

① [法] 埃米尔·涂尔干：《社会分工论》，渠东译，生活·读书·新知三联书店2000年版，第42页。
② 汪信砚：《全球化中的价值认同与价值观冲突》，载《哲学研究》2002年第11期。
③ 汪信砚：《全球化中的价值认同与价值观冲突》，载《哲学研究》2002年第11期。
④ 《毛泽东文集》第8卷，人民出版社1999年版，第320页。
⑤ 万俊人：《寻求普世伦理》，商务印书馆2001年版，第575页。
⑥ 冯契：《认识世界和认识自己》，华东师范大学出版社1996年版，第22页。

时代大学生思想政治教育目标的重要定位和提升其意识形态引领有效性的关键。

"思想认同"包含这样几个方面。

价值认同。对于价值认同，当前学术界已从不同角度进行了深入探讨，并形成了许多颇具学术价值的成果。诸如，有学者认为，价值认同是指个体或组织通过相互交往而在观念上对某一或某类价值的认同和共享，或以某种共同的理想、信念、原则为追求目标，实现自身在社会生活中的价值定位和定向，并形成共同的价值观，它是社会成员对社会价值规范所采取的认可、内化达到自觉遵循的过程。① 有学者认为，价值认同是指人们对某种价值、价值观念及其价值理想、价值取向和价值标准等方面的认可、肯定，表现为人们之间在价值追求、价值取向上的某种一致性、统一性和可接受性。在实际生活中表现为寻求基本理想、信念的归属感，在社会生活中表现为对特定集团（如政党等）的价值追求、行为方式、道德规范的接受、信赖、忠诚和践行。② 也有学者认为："价值认同即是指价值主体不断改变自身价值结构以顺应社会价值规范的过程，它体现出社会成员对社会价值规范的一种自觉接受、自觉遵循的态度。"③ 基于上述观点，我们认为，价值认同是价值主体对某种价值理念、目标和规范的自觉接受、自觉遵循的态度，是主体自身价值观念同化、顺应于社会价值规范的行为过程。它是社会成员或组织通过相互交往实践而在观念上对社会价值规范的认可、共享以及自觉遵循的过程。大学生思想政治教育在对大学生"思想引领"目标进行现代建构时同样也应以价值认同为重要导向。习近平总书记指出："人类社会发展的历史表明，对一个民族、

---

① 高惠珠：《核心价值观念的构建与认同——社会主义和谐社会建设的关键环节》，载《上海市社会科学界第四届学术年会文集（2006年度）》，载《马克思主义研究学科卷》，第134—142页。
② 王伦光：《价值追求与和谐社会构建》，浙江大学出版社2006年版，第50—68页。
③ 贾英健：《认同的哲学意蕴与价值认同的本质》，载《山东师范大学学报（人文社会科学版）》2006年第1期。

一个国家来说,最持久、最深层的力量是全社会共同认可的核心价值观。核心价值观,承载着一个民族、一个国家的精神追求,体现着一个社会评判是非曲直的价值标准。"①

政治认同。美国政治学家罗森鲍姆在其著作《政治文化》中指出"政治认同是指一个人感觉他属于什么政治单位(国家、民族、城镇、区域)、地理区域和团体,在某些方面的主观意识上,此是他自己的社会认同的一部分,特别地,这些认同包括那些他感觉要强烈效忠、尽义务或责任的单位和团体。"② 因此,"它既是主体对一定的政治对象认知趋同的过程,又是对一定政治对象进行政治行为支持的过程。"③ 从"又红又专"的无产阶级革命事业接班人和社会主义事业建设者到"四有"的社会主义新人,再到当代"思想认同",无论思想政治教育目标如何变迁,其获得根本生命力的基础是目标主体与客体的政治认同。思想政治教育就是要推介和宣传统治阶级奉行的政治取向模式和行为规范,力争被更多的社会成员所接受,以建立社会成员对政治系统及其运作的认同感,获得社会成员的政治支持。④ 这一目标可以概括为大学生思想政治教育目标的政治认同取向,它是大学生思想政治教育目标社会取向的核心。

政党认同。政党认同既来自于政党的权威,亦来自于社会公众由于对政党的信赖而产生的自愿支持和认可。这种权威和对权威支持和认可的基础是一整套思想、价值理念和信仰体系,即意识形态。⑤ 其中,大学生群体的政党认同对于我党的长期存续和发展具有战略性意义。从历史的视角

---

① 《习近平谈治国理政》,外文出版社2014年版,第168页。
② [美] 罗森鲍姆:《政治文化》,陈鸿瑜译,桂冠图书有限公司1984年版,第6页。
③ 方旭光:《政治认同:思想政治教育的目标取向》,载《思想理论教育》2006年第1期。
④ 方旭光:《政治认同:思想政治教育的目标取向》,载《思想理论教育》2006年第1期。
⑤ 史献芝、赵天娥:《政党认同的生成机制:解析与建构》,载《探索》2011年第5期。

来看，构建大学生政党认同工作的主体逻辑在我党历史上突出地表现在意识形态引导的层面，大学生思想政治教育是其重要的方面和内容。

社会认同。吉登斯曾指出，社会认同是"人在特定社区中，对特定价值、文化和信念的共同或者本质上的某种接近态度"①。由此，作为一种集体观念，社会认同应该是包括大学生在内的社会成员所共同拥有的信仰、价值以及行为取向的归属感，具有超利益的稳定性。大学生思想政治教育是大学生意识形态整合的一种软权力，对于引领大学生意识形态、凝聚其思想，促进社会发展具有重要作用。大学生思想政治教育功能的发挥，首先有待于其得到大学生的社会认同。社会认同是大学生思想政治教育有效开展的心理前提，是大学生思想政治教育有效进行的精神动力，也是检验大学生思想政治教育功能发挥的重要标尺。

文化认同。所谓文化认同是人们在一个民族共同体中长期共同生活所形成的对本民族文化的肯定性体认。②就思想政治教育而言，其本身就具备"维护主流文化、批判异质文化、传承优秀文化、整合多元文化、创造先进文化"③的功能。因此，文化认同理应是大学生思想政治教育的题中应有之意和其有效性的重要衡量标准。

国家认同。正如亨廷顿所指出的："几乎每个地方的人们都在询问、重新考虑和重新界定他们自己有何共性以及他们与别人的区别何在：我们是什么人？我们属于什么？"④作为一个国家的公民，每一个大学生对国家的认同，简单来说，就是以公民的身份对公共形态上的国体、政体、政

---

① ［英］安东尼·吉登斯：《现代性与自我认同》，赵旭东、方文译，生活·读书·新知三联书店 1998 年版，第 58 页。
② 秦宣：《关于增强中华文化认同的几点思考》，载《中国特色社会主义研究》2010 年第 6 期。
③ 吴艳东：《论思想政治教育的文化价值》，载《思想教育研究》2011 年第 9 期。
④ ［美］塞缪尔·亨廷顿：《谁是美国人》，程克雄译，新华出版社 2010 年版，第 10 页。

权、制度及法律权威、文化的赞同与维护。① 可见，国家认同既是大学生思想政治教育的重要主题，也是其意识形态引领的立足点和落脚点。

由此可见，对于我国大学生思想政治教育意识形态引领来说，思想认同是提升其有效性的关键。而此中思想认同内容丰富，价值认同、政治认同、社会认同、文化认同以及国家认同等都是其题中应有之意，都具意识形态性质，是我国大学生思想政治教育实现大学生思想认同的重要资源和内在逻辑。

第二节　社会实践与思想政治教育

我们知道，任何人心中的信仰都有"虔信"和"确信"两重内涵。信仰的"确信"可以通过理性和经验来进行，信仰的"确信"过程是在"虔信"的指引下进行的间接或直接实践。② 在大学生思想政治教育中开展思想引领，实现思想认同，我们还必须深化实践指导、教育。正如马克思所言："人的思维是否具有客观的真理性，这并不是一个理论问题，而是一个实践问题。人应该在实践中证明自己思维的真理性。"③ 前苏联教育家苏霍姆林斯基也曾说："劳动是青年精神生活的一部分……爱劳动的感情作为人的道德面貌的一个最为重要的特征，要在人的精神生活（智力的、情感的、意志的生活）过程中才能培养起来。一个懒于思考、感受贫乏的人是不可能成为爱劳动的人的。一个人愈聪明，情感愈丰富，意志愈坚强，他对于各种各样劳动活动的兴趣就表现得愈鲜明。"④ 青年大学生的思

---

① 朱红萱：《"国家认同"视野下的大学生思想政治教育研究》，载《内蒙古教育（职教版）》2015年第6期。
② 参见汪丁丁：《知识，为信仰留余地》，载《读书》2000年第2期。
③ 《马克思恩格斯选集》第1卷，人民出版社1994年版，第55页。
④ 王天一、夏之莲、朱美玉：《外国教育史》，北京师范大学出版社1993年版，第437页。

想引领与认同，只有采用实践导入法，从行为上引导青年大学生思想观念践行的自觉性，才能让青年大学生加深对在改革开放和社会主义现代化建设过程中形成和发展起来的科学的思想理论体系的理解，并在实践中自觉从正确的理论和成功的实践紧密相连的高度去把这些立场、观点和方法转化为自身能力，内化为自身信仰。由此，社会实践是大学生思想引领的有效形式。相应地，以参与社会实践的需要改进当前大学生思想引领工作就实属必然和必要。

一、马克思主义实践观是思想政治教育的理论基础

实践的观点是马克思主义哲学首要和基本的观点。"从哲学史上看，实践观点所实现的哲学变革就在于它在旧哲学'自然世界'与'精神世界'之上，开拓出一个崭新的哲学视界，我们把它称为'现实生活世界'。"[1] 马克思主义的实践观为重新理解大学生社会实践提供了重要的理论原则，理解马克思主义实践观，是我们在此基础上，进一步理解大学生思想政治教育及社会实践的准备。

实践作为主观见之于客观的活动，将大学生思想引领研究的视线从"天国"拉回到了"尘世"。在马克思看来，"环境的改变和人的活动或自我改变的一致，只能被看作是并合理地理解为革命的实践。"[2] "人的思维是否具有客观的真理性，这不是一个理论的问题，而是一个实践的问题。"[3] "全部社会生活在本质上是实践的。凡是把理论引向神秘主义的神秘东西，都能在人的实践中以及对这个实践的理解中得到合理的解决。"[4] 在此，马克思充分肯定了作为活动主体的人的能动性和创造性，使我们深刻认识到：客观世界首先是人们实践和改造的对象，同时也是人们认识的

---

[1] 贺来：《现实生活世界——实践观点的哲学理论视界》，载《长白学刊》1995年第4期。
[2] 《马克思恩格斯选集》第1卷，人民出版社1995年版，第55页。
[3] 《马克思恩格斯选集》第1卷，人民出版社1995年版，第55页。
[4] 《马克思恩格斯选集》第1卷，人民出版社1995年版，第56页。

对象，人们正是在改造客观世界中认识客观世界。人的实践活动既是主观的精神活动，也是客观的物质活动。实践决定认识的形成与发展。实践不但是认识的源泉，而且是认识的动力，是检验认识是否具有真理性的根本标准，是认识的最终目的。可以说，这样一种实践哲学，"既不同于只研究认识可能性与条件的传统的理论哲学，也决不同于只研究人际行为的原则而仅限囿于道德与政治领域中的狭义的实践哲学，而是在反思与研究人的生存实践过程中，深入到人类生存的具体境况而着眼于人的生存与命运，从原始的、最基本的生活事实来揭蔽人生与社会，解读文化与历史，因而它所涉及的问题域，无论从深度还是广度，都是古典实践哲学所无法比拟的。"①

基于这样一种实践观，马克思主义把思想政治教育活动看成是与物质活动密不可分的实践活动，即是与改造客观世界紧密相连的改造主观世界的实践活动。马克思主义的实践观揭示了实践在人类认识世界和改造世界中的地位和作用，为大学生从事社会实践提供了理论基础；认真践行马克思主义实践观，就必须在大学生思想政治教育中加强大学生社会实践及其指导。

事实上，思想政治教育源于实践，思想政治教育本身就是社会实践的一部分。大学生思想政治教育的实践性，表现为大学生思想政治理论认同形成的基础是实践活动：大学生对思想政治相关理论认知认同是在实践中得到加深的，其情感认同是在实践中优化的，其行为认同是在实践中活化的。同时，大学生思想政治教育的实践性，还表现在大学生的思想政治认识一定要反映在其行为实践上，检验大学生正确、理性的思想政治认识是否形成也必须看其行为实践。简言之，实践是大学生思想政治理论认同形成和发展的基础，亦是大学生思想政治教育的基础。实践性是大学生思想政治教育过程的根本属性。

马克思主义认为："生产劳动同智育和体育相结合，它不仅是提高社

---

① 王振林：《当代实践哲学与生活世界理论》，载《学习与探索》2005 年第 2 期。

会生产的一种方法，而且是造就全面发展的人的唯一方法。"① 从历史发展的角度看，教育从生产劳动中分离出来成为独立的事业，这是人类的伟大进步。但是，教育与生产劳动的这种分离对于大学生思想政治教育来说却并不一定都是福音。因为制度化教育产生后，如果不加干预，大学生思想政治教育就会产生与生活世界相分离的趋向，其对社会政治、经济、文化发展的功能性、工具性价值不断增强，其满足大学生素质发展及其创造升华的主体性价值却容易被淡化。而主体性价值被淡化和忽视的结果，就会把思想政治教育作为被动的、任人摆布的客体，其工具性价值也就成为消极被动甚至是被扭曲的，逐渐脱离了人的日常生活世界，甚至与经济建设、技术操作、经营管理、公共事务等非日常生活世界也成了"两张皮"。这种趋势在科学快速发展的今天，由于社会重视科技理性和轻视人文精神，科技工具理性更为突出，使思想政治教育更远离了作为意义和价值之源的日常生活世界。②

此外，制度化教育产生以后，大学生思想政治教育也越来越演变成封闭的制度体系。制度化的教育以及制度化的思想政治教育更多的是按照科学教育的逻辑组织起来的，这种体制对间接经验的学习无疑十分有效。但是人的思想政治理论发展与智育发展有着本质不同，人们可以与社会生活相隔离而集中学习知识经验，却不能与社会生活完全隔离去学习思想政治理论。思想政治理论是社会生活的规范与准则，真正的学习必须在社会生活实践过程中进行，思想政治教育必须通过生活实践才能发出真正的力量，才能成为合目的有价值的思想政治教育。由此我们认为，如果学校思想政治教育与社会生活以及学生生活相隔离，就会阻断学生思想政治道德发展的源泉和渠道，这种情况下的理论说教无异于缘木求鱼。③

马克思主义的实践观向我们昭示：马克思主义理论的真理性基础是对

---

① 《马克思恩格斯全集》第 23 卷，人民出版社 1985 年版，第 530 页。
② 李焕明：《思想政治教育生活化》，载《山东师范大学学报（人文社会科学版）》2004 年第 3 期。
③ 高德胜：《论现代知性德育与生活的割裂》，载《思想理论教育》2003 年第 4 期。

实践的依赖性。确定大学生现有的思想政治认识状况，要看到它既是原有的实践和思想政治教育工作的结果，又是当前开展思想政治教育的前提。只有不断开展新的实践和思想政治教育工作，才能使大学生的思想政治认识不断发展变化，使大学生的思想政治认识水平不断提高。因此，笃行践履大学生思想政治教育的内在价值，探讨其教育过程所具有的规律，就必须坚持马克思主义的实践观。只有坚持将马克思主义理论付诸大学生社会实践，才能保证大学生思想政治教育过程及规律所具有的作用在实践中得以发挥，也才能沿着"人之发展"的方向前进。一句话，马克思主义实践观是当代大学生思想政治教育实践的理论基础。

二、社会实践是思想政治教育的有效途径

实践的观点，也是学习运用马克思主义的根本原则和基本方法。恩格斯说："马克思的整个世界观不是教义，而是方法。它提供的不是现成的教条，而是进一步研究的出发点和供这种研究使用的方法。"①《中共中央国务院关于进一步加强和改进大学生思想政治教育的意见》中指出："社会实践是大学生思想政治教育的重要环节，对于促进大学生了解社会、了解国情，增长才干、奉献社会，锻炼毅力、培养品格，增强社会责任感具有不可替代的作用。要积极探索和建立社会实践与专业学习相结合、与服务社会相结合、与勤工助学相结合、与择业就业相结合、与创新创业相结合的管理体制，增强社会实践活动的效果，培养大学生的劳动观念和职业道德。要不断丰富社会实践的内容和形式，提高社会实践的质量和效果，使大学生在社会实践活动中受教育、长才干、作贡献，增强社会责任感。"② 实践的观点，同样也是当前大学生思想引领必须坚持的基本原则。当前，社会实践理应成为我国大学生思想政治教育的有效形式。

大学生思想政治教育的目的是实现大学生的思想认同。但是，思想认

---

① 《马克思恩格斯全集》第 39 卷，人民出版社 1974 年版，第 406 页。
② 《加强和改进大学生思想政治教育重要文献选编（1978—2008）》，中国人民大学出版社 2008 年版，第 379 页。

同从来都不是凭空产生的,必然受制于其背后的物质生产关系,即物质经济利益的制约,人们的"思想、观念、意识的产生最初是直接与人们的物质活动,与人们的物质交往,与现实生活的语言交织在一起的。人们的想象、思维、精神交往在这里还是人们物质行动的直接产物。"① 一句话,"人们奋斗所争取的一切,都同他们的利益有关。"② 我们的大学生思想政治教育,虽然一直强调理论联系实际,但是由于长期以来,过分强调党的路线、方针、政策的宣传教育,习惯于提出要求并采用灌输的方式,忽视了大学生的个性发展,忽视了大学生的实际利益,忽视了大学生自身素质的发展,因而在教育的方式、方法上脱离实际、脱离生活、脱离学生,缺乏教育的实效性。

　　唯物史观强调:"历史上的活动和思想都是'群众'的思想和活动。"③ "群众对这样或那样的目的究竟'关怀'到什么程度,这些目的'唤起了'群众多少'热情'。'思想'一旦离开'利益',就一定会使自己出丑。"④ 因此,随着不断的反思批判,回归生活世界已经不是某个零星的偶然的意见,理性向生活世界的回归是 21 世界人类精神的重要发展趋向,同时,也是大学生思想政治教育的发展趋向。反思 20 世纪思想政治教育,人们普遍认识到,20 世纪思想政治教育的一个误区就是思想政治教育与生活世界的剥离。为此,美国著名的哲学家和教育家约翰·杜威认为学校在进行思想道德教育时,应充分体现社会精神与社会生活,他提出了"教育即生活"、"学校即社会"的主张,认为学校和社会应在价值观上保持一致,不能有两套伦理原则,学校思想政治教育应该是社会性的学校生活,学校思想政治教育的重心不应该放在对犯规行为的处罚和不道德行为的矫正上,而应放在对品德的积极培养上,学校应组织

---

① 《马克思恩格斯选集》第 1 卷,人民出版社 1995 年版,第 72 页。
② 《马克思恩格斯全集》第 1 卷,人民出版社 1956 年版,第 82 页。
③ 《马克思恩格斯全集》第 2 卷,人民出版社 1957 年版,第 103 页。
④ 《马克思恩格斯全集》第 2 卷,人民出版社 1957 年版,第 103 页。

学生直接参加社会生活。①

因此，思想政治教育要展现其生命力和育人魅力，其思维方式必须突破传统的概念思维方式，树立一种实践思维方式。② 当前，在整体推进思想政治理论教育的同时，社会实践可以说是大学生思想政治教育的有效形式，其理由如下。

首先，社会实践是基于学生自身需要的实践，能切准学生利益共识，主动用科学的世界观、人生观、方法论积极回应大学生现实生活中存在的困惑和迷茫。大学生思想政治教育的实践表明，当代大学生的许多思想问题与他们面临的实践问题紧密相关，有的甚至是由具体实践问题引起的。能够解决这些实践问题以及解决的程度如何，会不同程度地影响大学生思想政治教育的效果。问题的解决需要从问题的源头开始，因此大学生思想政治教育通过科学的社会实践指导，能"在解疑释惑、凝聚共识中不断给学生以思想启迪和文化滋养"，实现思想解惑与实践解难的协调共进，因而能更好地促进大学生思想政治教育符合大学生现实实践需要，提升大学生思想政治教育的有效性。

其次，社会实践是大学生实现自我教育的重要保障。实践锻炼是主观见之于客观的活动，但在改造客观世界的过程中，主体会自觉地对主观世界进行改造。因此，自我教育的过程中实践锻炼具有重要的地位，自我教育必须通过实践锻炼才能完成。同时，自我教育也是为了实践。正如列宁指出："没有年轻一代的教育和生产劳动的结合，未来社会的理想是不能想象的：无论是脱离生产劳动的教学和教育，或是没有同时进行教学和教育的生产劳动，都不能达到现代技术水平和科学知识现状所要求的高度。"③ 教育是同实践活动紧密结合的，包括自我教育活动在内，如果没有实践锻炼的参与，也是不可想象的，"只有实践活动，才能构成主、客体

---

① 祖嘉合：《思想政治教育方法教程》，北京大学出版社2004年版，第98页。
② 葛畅、魏传光：《思想政治教育思维方式的理性反思》，载《思想理论教育》2006年第3期。
③ 《列宁全集》第2卷，人民出版社1984年版，第461页。

的矛盾，才会在主体活动领域中反映现实。离开了实践活动，就不会有心理的源泉，也不会有思维的源泉，也就是说，思维是在实践活动中发生和发展的。"① 实践锻炼可以丰富自我教育的内容，提升教育的效果。首先，实践锻炼是自我教育的一种重要形式，因为自我教育的内容可以与实践锻炼相结合，在实践锻炼中体验教育，于无意识中接受内化教育内容。其次，自我教育不仅仅是自我的改造，更重要的是它要作用于实践，通过实践来检验自我教育的效果，"人的思维是否具有客观的真理性，这不是一个理论的问题，而是一个实践的问题。人应该在实践中证明自己思维的真理性，即自己思维的现实性和力量，自己思维的此岸性。"② 再次，自我教育也是一个知、情、信、意、行相统一的系统，"行"是落脚点，同时也是下一个周期运动的开始，实践锻炼会引导人对新的知识产生渴望，诱发新的自我教育活动。

但是，并不是任何实践锻炼都会符合大学生思想引领的需要。要取得实际效果则要求实践锻炼的开展必须与自我教育保持协调一致。加强大学生社会实践指导，一方面要确保实践锻炼与大学生自我教育目标的一致。"你们可以随意强迫一个人去劳动，但是，如果不与强制劳动同时在政治上、道德上教育这个人，如果这个人不参加社会的和政治的生活，那么，这种劳动就只能称为一种不起作用的过程，不会有积极有用的结果。"③ 所以，在自我教育活动开展的过程中，必须加强实践指导，以使劳动与自我教育的目标保持一致，让大学生社会实践成为自我教育的一部分。另一方面，要确保大学生自我教育活动的开展与实践活动保持协调。"如果教师坚持要使行为符合常规的要求，并很少考虑与儿童的（和某个社会的）基本的道德价值有较大相关性的那些事，儿童就会单纯地认定，他的道德价

---

① 朱智贤、林崇德：《思维发展心理学》，北京师范大学出版社1987年版，第116页。
② 《马克思恩格斯文集》第1卷，人民出版社2009年版，第503—504页。
③ [苏] 马卡连科：《论共产主义教育》，陈昌浩等译，人民出版社1954年版，第236页。

值与他在课堂上的行为是毫无关系的。"① 因此，只有加强对大学生的实践指导，才能确保大学生思想政治教育课堂教学与实践教育的有效结合，实现思想政治教育过程主动与被动、主导与主体的有效统一，才能整体推进大学生思想政治教育的实效性。

此外，社会实践也是大学生思想政治教育活动有效开展的重要通道。我们知道，任何社会的主导意识形态归根到底都是通过对社会实践的有效引领来彰显其主导性的。"马克思主义如果脱离人民群众、远离社会实践，就只能停留在口头上、书本上，永远也不会发挥实际作用。"② 大学生思想政治教育，是以取得大学生思想认同为目标旨归的，社会实践有助于化抽象理论为具体行为，通过增强实践体验，澄清理论是非，提升大学思想政治教育说服力，优化大学生思想政治教育环境，以此最终强化思想认同。与此同时，"社会实践是大学生思想政治教育的重要环节，对于促进大学生了解社会、了解国情、增长才干、奉献社会、锻炼毅力、培养品格，增强社会责任感具有不可替代的作用。"③ 它是大学生践行思想政治理论教育内容的现实载体，是增强大学生思想政治教育的重要平台，是大学生传播、推广、践行主流意识形态的重要方式，因而也是大学生思想政治教育活动有效开展的重要通道。

总之，加强大学生思想政治教育的社会实践，既是为了贯彻落实中央思想政治理论课所有课程都要加强实践环节的文件精神，也是为了适应大学生成为创造性和实践性主体的需要，更是体现大学生思想政治教育实现意识形态引领以及大学生思想认同的价值追求，是当前我们提升大学生思想政治教育实效性的有效形式。

---

① ［美］科尔伯格：《道德教育的哲学》，魏贤超、柯森译，浙江教育出版社2000年版，第91页。
② 徐光春：《进一步丰富和发展马克思主义的重大课题》，载《人民日报》2010年4月19日。
③ 《十六大以来重要文献选编（中）》，中央文献出版社2006年版，第183页。

三、以社会实践改进大学生思想政治教育工作

思想引领既是社会发展与人的发展的客观必然要求，也是促进社会发展与人的发展的实践诉求。为此，党中央国务院曾在《关于进一步加强和改进大学生思想政治教育的意见》中强调指出，"社会实践是大学生思想政治教育的重要环节"。① 但是，并不是任何实践锻炼都会符合大学生思想引领的需要，只有加强对大学生的实践指导才能达到此效果。这样一来，以参与社会实践的路径改进大学生思想引领工作，理应成为当前大学生思想政治教育的重要途径。

提出问题是责任，解决问题是使命。当前以参与社会实践的路径改进大学生思想引领工作，笔者认为应该着力从以下方面努力。

（一）回归实际，夯实思想引领存在的根基

这里说的"实际"既强调的是前面所说的大学生思想状况的实际，也强调大学生思想实践所面临的现实。马克思提出："哲学家们只是用不同的方式解释世界，问题在于改变世界。"② 理论是灰色的，生命之树常青。大学生思想政治教育的内容，是我党根据时代特征和社会主义现代化建设的实践所进行的重大理论创新成果，要想让大学生真正认同、践行它，必须与实际相联系，回归实际，回到实践中去，回到大学生的思想实践中去，不断夯实思想引领存在的根基。

当代中国正处于社会转型期，市场、官场存在的一些负面现象给青年大学生的思想观念带来了强烈冲击。有的政治信仰模糊，功利意识严重；有的价值取向扭曲，重物质利益轻无私奋斗，重等价交换轻爱心付出；有的知行脱节，表面认同社会主义道德，但实际行动又是另外一种表现；还有的把注意力转向自我，忽视社会发展需要，缺乏强烈的社会责任感。社

---

① 《加强和改进大学生思想政治教育重要文献选编（1978—2008）》，中国人民大学出版社 2008 年版，第 379 页。
② 《马克思恩格斯选集》第 1 卷，人民出版社 1995 年版，第 57 页。

会转型期也是思想观念的反思、裂变、更新和塑造时期，这更使得青年大学生思想观念方面产生诸多迷茫、困惑和疑问，迫切需要一种正面、务实的思想加以强有力的引导。

青年大学生生活在社会现实之中，无时无刻不受社会环境的影响。马克思指出："意识的一切形式和产物不是可以通过精神的批判来消灭的，不是可以通过把它们消融在'自我意识'中或化为'怪影'、'幽灵'、'怪想'等等来消灭的，而只有通过实际地推翻这一切唯心主义谬论所由产生的现实的社会关系，才能把它们消灭。"① 美国未来学者奈斯比特认为，哪里出现了经济繁荣，先进的意识形态将朝哪里转移。恩格斯也指出："每一历史时代主要的经济生产方式和交换方式以及必然由此产生的社会结构，是该时代政治的和精神的历史所赖以确立的基础，并且只有从这一基础出发，这一历史才能得到说明。"②

对于广大青年大学生来说，他们对思想理论体系的态度常常不是直接发生的，而是根据这种思想理论体系与他们各种切身利益的相关程度间接发生的。因而，将大学生思想引领的最新成果转化为保障民生、体现公平正义的社会经济、政治、文化制度，借助公平合理的社会制度满足广大青年大学生的利益需求，才能赢得他们对所引领思想的心理认同。一句话，回归实际，夯实思想引领存在的根基，是在大学生思想政治教育中开展思想引领和认同的实践前提。

（二）融入实践，理论向日常的践行引导

正确的思想只有用于指导实践才具有价值。如何指导实践？前提是必须融入实践，融入大学生的日常实践。日常生活的感知和感悟对于大学生真正认同和践行正确的思想观念体系具有不容忽视的功效。对此，比利时的欧内斯特·芒德尔（Ernest Mandel）曾以《资本论》和《怎么办》为例，深刻指出："广大群众的态度不是由他们对理论的看法决定的。马克

---

① 《马克思恩格斯文集》第1卷，人民出版社2009年版，第544页。
② 《马克思恩格斯文集》第2卷，人民出版社2009年版，第14页。

思的《资本论》或列宁的《怎么办？》的所谓的缺陷，在95%的群众甚至从未读过这些著作的情况下，怎么能决定数千万人的态度呢？广大群众形成其信念和思想倾向是根据他们的经验，而不是通过阅读或上进修班——就连已经部分摆脱了统治阶级思想影响并且已不同程度地具有一定阶级觉悟的劳动群众也不例外。广大群众通过与社会主义者交往而获得的与他们对资本主义现实的日常体验不同的、具有决定作用的经验，显然是从社会主义者的实践中，而不是从他们的理论中感受到的。"① 同样，最好的教育形式是自我教育。今天，我们在大学生中开展思想政治教育，进行正确思想引领，广大青年大学生以此形成自身信念或思想倾向也必定要根据他们的日常经验。

正如列宁所指出的："这就是马克思主义者必须考虑生动的实际生活，必须考虑现实的确切事实，而不应当抱住昨天的理论不放，因为这种理论和任何理论一样，至多只能指出基本的、一般的东西，只能大体上概括实际生活中的复杂情况。"② 同样，相对于世界的存在、现实、事物的既有状态而言，任何思想具有某种超越的性质，它是产生于现实和实践，又高于现实的存在。要准确地把握其本质和特征，就必须全面理解人类的生活实践，实事求是地考察人类生活实践的表现和逻辑，才能得出科学有效的结论。从生活实践的表现和逻辑入手，就是从生活实践的日常化、生活化、具体化入手。大学生思想政治教育所进行的思想引领，要被大学生认知、认同，同样也需要日常化、生活化和具体化。只有将所授思想体系融入到大学生具体生活、学习、交友中，才能让他们在可行性中体悟真理性。

当前，大学生思想引领尤其要渗透于交往方式中。交往是大学生社会实践的一种形式，它与生产是实践活动不可分割的两个方面，也是其他社会实践的必然前提。"一个人的发展取决于和他直接或间接进行交往的其

---

① [俄] 戈尔巴乔夫、[德] 勃兰特：《未来的社会主义》，中央编译出版社1994年版，第135页。
② 《列宁选集》第3卷，人民出版社2012年版，第26—27页。

他一切人的发展。"① 思想主体之间通过相互交往在观念上对某类思想观念实现认可和共享，不断改变自身思想结构以顺应社会思想规范，从而对自身在社会中的思想进行重新定位和优化调整，共同的观念逐渐形成，并在具体实践活动中进行着相应的行为选择。

"社会生活在本质上是实践的"② "不是意识决定生活，而是生活决定意识。"③ "一种价值体系要真正发挥作用，必须融入社会生活，让人们在实践中感知它、领悟它。"④ 离开了生活，离开了实践，再好的思想体系只能是空中楼阁。因此，当前必须建立大学生思想政治教育与大学生生活方式的同构机制，以强化大学生的行为养成。

"我们通过造房子而成为建筑师，通过弹奏竖琴成为竖琴手。同样，我们通过做公正的事成为公正的人，通过节制成为节制的人，通过做事勇敢成为勇敢的人。"⑤ 把大学生思想政治教育引领工作融入到大学生的生活方式和日常生活生产实践当中，使大学生思想政治教育引领渗透到各行各业的规章制度、校园公约、学生守则等行为准则体系当中，成为大学生自觉遵守的生活基本遵循，成为大学生实践的基本标尺。大学生社会主义思想引领必须通过日常行为方式的养成，通过践行，成为自己品格的一部分，成为促进大学生行为的观念时，才能说是养成了。

为此，我们要加强对大学生社会实践的指导，通过指导，大力提高大学生自身的交往品质和实践能力，为大学生开展积极自觉的交往、实践活动提供条件，不断拓宽大学生交往、实践的领域，创新交往、实践的形式和手段，深化和完善交往、实践理念，及时抑制、消灭消极自发的交往、实践，为大学生思想政治教育及其思想认引领与认同的顺利实现提供和创

---

① 《马克思恩格斯全集》第3卷，人民出版社1976年版，第515页。
② 《马克思恩格斯文集》第1卷，人民出版社2009年版，第505页。
③ 《马克思恩格斯文集》第1卷，人民出版社2009年版，第525页。
④ 刘云山：《深入推进社会主义核心价值体系建设 巩固全党全国人民团结奋斗的共同思想基础》，载《党建》2008年第5期。
⑤ [古希腊]亚里士多德：《尼各马可伦理学》，廖申白译，商务印书馆2003年版，第36页。

造良好的社会交往、实践环境。

（三）优化践行，构筑大学生实践平台

台湾学者韦政通曾谈到："如果一个社会在道德教学上只偏重言辞，缺乏实践模范，或是教的是一套，社会上普遍行的又是另一套，那么这个社会就产生了道德危机。"① 大学生思想政治教育所进行的思想引领需要认同，需要大力倡导，更需要努力践行。所谓践行，就是实践、实行。唐代韩愈的《唐故秘书少监赠绛州刺史独孤府君墓志铭》中有言："宪公恭孝践行，笃实而辨于文。"宋代曾巩的《拟代廷试进士策问》之三也说："故小大之事……侧身践行，兢兢业业，不敢自逸，为天下先，而俗未加厚。"《朱子语类》卷九也提到："只有两件事：理会，践行。"大学生思想引领与认同工作只有在优化践行中，才能真正凝聚人心，整合资源，构建大学生有效实践平台，成为引导和推动大学生发展的精神动力和重要保障。

践行需要平台。在加强大学生思想政治宣传教育培养的前提下，各高校更应该利用学校与学校、社会、政府、地方合作的宝贵资源，搭建实践平台，使大学生在实践中认同和践行我们所倡导的思想观念，增强大学生思想引领的认同度和实效性。

平台需要顶层设计和总体规划。大学生思想政治教育是需要各环节衔接配套的，因此各环节间的全面统筹规划需要决策层的通盘考虑，顶层的"作为"，需要在认真听取各方意见建议、愿望诉求、实践经验的基础上，全面规划落实，建立健全大学生德育素质资源数据库，依靠各培育机构，建设大学生思想政治教育实践教学体系。

平台需要合作。创建大学生思想政治教育模式，需要积极搭建和有效利用学校、企业、政治、社会合作的实践平台。各高校要充分发挥自身专业优势，鼓励学校学生社团、教师工作室的师生积极参与相关项目（包括企业项目）研究，使大学生在深入研究、服务企业的过程中，享受学术氛围和社会情境的熏陶和感染，提升大学生良好的职业道德和敬业精神。各

---

① 韦政通：《伦理思想的突破》，四川人民出版社1988年版，第192页。

高校与政府、社会机构加强合作，积极开展志愿服务工作和义工培训，在社会公益熏陶中带动更多的学生参与服务社会，在友善待人中培养提高大学生服务社会的本领。各高校要开展多种形式的大学生实践活动，积极创建实训基地，加强创新教育，提倡诚实劳动，影响和带动广大学生崇尚真知、勤奋学习、锐意进取。

平台需要保障。大学生思想政治教育相关宣传教育部门不仅要重视培育工作本身，而且还要重视对培育平台建设的支持。只有具备人力、物力、财力的支持，大学生思想政治教育实践平台才具备物质保障。当然，这种保障还需要健全实践平台的管理和考核。其中，要注重完善大学生思想政治教育实践指导工作与教师的教学考核、职称评定、干部培养和选拔以及评优评奖的集合，规范相关基地管理、实践教学管理，并督促相关组织机构认真落实，合理追责。

平台需要阵地。新媒体这一阵地是当前建设的重点。由于新媒体技术既有开放性、互动性、参与性，又有隐匿性、无界性、快捷性，因而学校一方面要加强对师生使用新媒技术的引导和监管，另一方面要高效地利用论坛、微信、微博等新媒体，提高正面信息传播的质量和效率，增强实践活动的影响力和感染力①，使师生在传递正能量、分享体会和感悟中认同、接受和履践我们所传授的思想理论。

---

① 余芝云：《浅析新媒体对高校社会主义核心价值观教育实效性的影响》，载《南昌教育学院学报》2012年第12期。

第二章 国家与社会认同

当代中国大学生是中国特色社会主义事业未来的建设者和接班人。他们在国家认同、社会认同等方面的情况反映了他们的思想状况。他们在校期间用什么方式对待个人、集体和社会，在很大程度上会影响他们将来会如何对待国家和社会。为此，课题组对北京、黑龙江、河南、陕西、新疆、广西等不同地区、不同民族、不同年级、不同专业的大学生进行问卷调查，并在此基础上开展访谈调查，对当代大学生在国家认同、社会认同方面的思想状况和行为状况进行综合考察，以期能准确把握当代大学生的国家认同、社会认同状况，以肯定成绩，找出问题，探寻解决问题的方法，为当代大学生的健康成长提出有益的建议。

第一节 国家认同

国家是阶级矛盾不可调和的产物。在人类社会没有进入共产主义社会之前，国家作为维护统治阶级利益的工具，都将长期存在。国家认同作为一个政治概念，它主要是指该国家人民的国家归属感，对国家政治状况、发展状况、未来前景等等因素的综合评价，以及在此基础上形成的具有显著倾向的情感。一个国家的人民，特别是青年大学生，对国家是否认同，对国家认同的实际状况，事关一个国家的长治久安。国家认同不是空洞的，不是停留在口头上的简单表态。对国家的认同，应当是发自内心的真诚的认知，是无论何时何地都一如既往的表现出对祖国的无限热爱，都自觉地站在国家的立场上维护国家的利益，都能够对那些污损国家的形象、败坏国家的声誉、损害国家的利益的言行，划清界限，坚决斗争。因此，我们必须重视社会成员包括青年大学生在国家认同方面的实际状况。当代大学生是从正确的立场出发去认识中国，还是相反，这体现了他们国家认同的根本趋向。问卷调查结果表明，当代大学生对国家有强烈的认同感。

大学生对国家的认同感体现在对现状和未来的认同两方面。一方面，对国家的现状充满信心。当被问及对"作为中国人我很自豪"的态度时，70.5%的大学生选择"非常认同"，22%的大学生选择"比较认同"，二者合计比例达92.5%。被问及"对中国在杭州举办G20会议的感觉"时，选择"非常自豪"的大学生占55.3%，选择"比较自豪"的大学生占27.2%，二者合计占比达82.5%。另一方面，对国家的未来充满信心。被问及"从现在到未来四年内，您对以下方面信心程度如何？"，"综合国力稳步提高"中选择"非常有信心"和"比较有信心"的占90.3%，"国际地位逐步提升"中选择"非常有信心"和"比较有信心"的占91.5%，"国家发展越来越好"中选择"非常有信心"和"比较有信心"的占92.4%（见表2—1）。从上述数据来看，当代大学生对国家的认同度是相当高的。

表 2—1 国家发展越来越好

分类 \ 项目	频率	有效百分比
有效 非常有信心	818	61.9
比较有信心	403	30.5
信心一般	84	6.4
不太有信心	13	1.0
完全没信心	3	0.2
总计	1321	100.0

当代大学生愿意为国家付出。对国家的认同不仅仅只反映在口头上，还反映在实际行动之中。一是能自觉抵制针对中国的种种不实言论。在被问及"我能自觉抵制污蔑中国的言行"时，53.4%的大学生选择"非常认同"，30.4%的大学生选择"比较认同"，二者合计比例达83.8%。二是积极为国家发展贡献智慧。被问及是否"积极为国家发展献言献策"时，56.3%的大学生选择"非常积极"，29.9%的大学生选择"比较积极"，二者合计比例达86.2%。三是愿意以实际行动保卫国家。被问及是否"积极应征入伍保卫祖国"时，38.1%的大学生选择"非常积极"，28.7%的大学生选择"比较积极"，二者合计比例达66.8%。从调查问卷数据反映的情况看，当代大学生对国家的态度不仅仅表现在言语中，还表现在愿意以实际行动捍卫国家的荣誉和利益，愿意把自己的聪明才智奉献给国家。

当代大学生在言论和行动上对国家的高度认同，主要源于三点：一是新中国成立以来，特别是改革开放以来，中国共产党团结带领全国各族人民，艰苦奋斗，开拓创新，克服重重困难，大力推进中国特色社会主义建设事业，取得了令世人瞩目、举世公认的巨大成就。仅以经济、科技为例。习近平总书记在党的十九大报告中指出："经济建设取得重大成就。坚定不移贯彻新发展理念，坚决端正发展观念、转变发展方式，发展质量和效益不断提升。经济保持中高速增长,在世界主要国家中名列前茅,国内生产总值从五十四万亿元增长到八十万亿元,稳居世界第二,对世界经济增长贡献率超过百分之三十。供给侧结构性改革深入推进,经济结构不断优化,数字经济等新兴产业蓬勃发展,高铁、公路、桥梁、港口、机场等基础设施建设快速推进。农业现代化稳步推进,粮食生产能力达到一万二千亿斤。城镇化率年均提高一点二个百分点,八千多万农业转移人口成为城镇居民。区域发展协调性增强,'一带一路'建设、京津冀协同发展、长江经济带发展成效显著。创新驱动发展战略大力实施,创新型国家建设成果丰硕,天宫、蛟龙、天眼、悟空、墨子、大飞机等重大科技成果相继问世。南海岛礁建设积极推进。开放型经济新体制逐步健全,对外贸易、对外投资、外汇储备稳居世界前列。"① 我们有理由相信,我们党领导中国人民推进新时代中国特色社会主义的伟大事业中所取得的每一个新的成就都会继续强化中国人民包括青年大学生的国家认同。虽然抗击新冠肺炎疫情的中国行动发生在我们的调研报告后,但中国在世界上的突出表现无疑令中国人民包括青年人的国家认同大大增强。习近平总书记曾指出:"新冠肺炎疫情是百年来全球发生的最严重的传染病大流行,是新中国成立以来我国遭遇的传播速度最快、感染范围最广、防控难度最大的重大突发公共卫生事件。"严酷的疫情使人民生命安全和身体健康面临严重威胁,党中央"坚持人民至上、生命至上","迅速打响疫情防控的人民战争、总体战、阻击战,用 1 个多月的时间初步遏制疫情蔓延势头,用 2 个月左右的时间将本土每日新增病例控制在个位数以内,用 3 个月左右的时间取得武汉保卫战、湖北保卫战的决定性成果,进而又接连打了几场局部地区聚集性疫情歼灭战,夺取了全国抗疫斗争重大战略成果。在此基础上,我们统筹推进疫情防控和经济社会发展工作,抓紧恢复生产生活秩序。"② 众所周

---

① 《中国共产党第十九次全国代表大会文件汇编》,人民出版社 2017 年版,第 2 页。
② 习近平:《在全国抗击新冠肺炎疫情表彰大会上的讲话》,载《求是》2020 年第 20 期。

知，中国成为2020年世界主要经济体唯一实现正增长的国家，中国抗疫斗争的成果与美国等西方发达国家的现状形成鲜明的反差，它凸显了我国国家制度的优势，充分展现了体现了中国精神、中国力量、中国担当。大学生切切实实感受到了这些体现在政治、经济、社会、文化、民生、环境等方面的巨大成就给国家、社会、家庭带来的翻天覆地的变化，感受到了国家富强对个人学习、生活、工作的影响，也感受到了这些巨大成就大大提高了我们国家的国际地位和国际影响力。

二是党的宣传部门、高校思想政治工作队伍做了正面的引导和宣传，并有效传达给了大学生，让当代大学生普遍认识到国家对于个人生活的重大影响。我们党高度重视高校大学生的思想政治教育工作，早在2004年8月26日发布的《中共中央国务院关于进一步加强和改进大学生思想政治教育的意见》（中发〔2004〕16号）这一文件中就指出，"提高大学生的思想政治素质，促进大学生的全面发展"，"加强和改进大学生思想政治教育是一项重大而紧迫的战略任务"，"加强和改进大学生思想政治教育，提高他们的思想政治素质，把他们培养成中国特色社会主义事业的建设者和接班人，对于全面实施科教兴国和人才强国战略，确保我国在激烈的国际竞争中始终立于不败之地，确保实现全面建设小康社会、加快推进社会主义现代化的宏伟目标，确保中国特色社会主义事业兴旺发达、后继有人，具有重大而深远的战略意义。"① 党的十八大以来，以习近平同志为核心的党中央站在党和国家事业发展的高度，对高校思想政治教育工作给予了深切的关怀，提出了新的要求。2016年12月习近平总书记在全国高校思想政治工作会议上发表重要讲话，他强调指出："高校思想政治工作关系高校培养什么样的人、如何培养人以及为谁培养人这个根本问题。要坚持把立德树人作为中心环节，把思想政治工作贯穿教育教学全过程，实现全程

---

① 《中共中央、国务院关于进一步加强和改进大学生思想政治教育的意见》，中华人民共和国教育部网站，http://www.moe.gov.cn/s78/A12/szs_lef/moe_1407/moe_1408/tnull_20566.html。

育人、全方位育人，努力开创我国高等教育事业发展新局面。"① 正是在党的正确领导下，在各高校党委、教师的共同努力下，这些正面的宣传、教育、引导等宣传思想政治工作取得了显著成效，显示出了很好的效果。

三是当代大学生积极参与各种爱国主义的实践，在实践中培养了对国家的强烈认同感 "社会实践是大学生思想政治教育的重要环节，对于促进大学生了解社会、了解国情，增长才干、奉献社会，锻炼毅力、培养品格，增强社会责任感具有不可替代的作用。要积极探索和建立社会实践与专业学习相结合、与服务社会相结合、与勤工助学相结合、与择业就业相结合、与创新创业相结合的管理体制，增强社会实践活动的效果，培养大学生的劳动观念和职业道德。要不断丰富社会实践的内容和形式，提高社会实践的质量和效果，使大学生在社会实践活动中受教育、长才干、作贡献，增强社会责任感。"② 习近平总书记始终重视并强调社会实践的作用，他指出："广大青年要如饥似渴、孜孜不倦学习，既多读有字之书，也多读无字之书，注重学习人生经验和社会知识。'纸上得来终觉浅，绝知此事要躬行。'所有知识要转化为能力，都必须躬身实践。要坚持知行合一，注重在实践中学真知、悟真谛，加强磨练、增长本领。"③

第二节 社会认同

在一个人实现社会认同的过程中，个体会以社会群体成员身份来建构自己的社会身份，会自觉不自觉地将符合群体的某些思维乃至行为特征进

---

① 《习近平谈治国理政》第2卷，外文出版社2017年版，第376页。
② 《加强和改进大学生思想政治教育重要文献选编（1978—2008）》，中国人民大学出版社2008年版，第379页。
③ 习近平：《在知识分子、劳动模范、青年代表座谈会上的讲话》，新华网，2016年4月26日。http://www.xinhuanet.com/politics/2016-04/30/c_1118776008.htm。

行自我加持，从而赋予自我以更多的社会性。因此，认同本身在某种意义上是主体即大学生在把自身置于社会这个客体过程中所做的自我评价。任何一个群体的思想观念，都是一定的价值观外在的反映。一个群体的价值观突出表现在如何看待自己，如何看待人与自然、人与社会的关系上面。马克思主义的价值观强调人的社会价值是衡量个人价值的标准。离开了社会价值这一根本的标准，个人所谓的一切成就都是浮云。为此，课题组从自我认同与社会认同等方面设计问卷，从如何认识自己、认识他人和集体、认识社会等维度去分析判断当代大学生的社会认同状况。

一、自我认同

自我认同是社会认同的重要参照物。自我认同的性质和程度影响着一个人对他人、对集体、对社会的评价。能够正确认识自我的人，往往能够正确评价他人、集体和社会。但如果自我认同度过高，就容易将自我与他人和集体、社会对立起来，藐视他人、集体和社会。从调查的结果来看，自我认同度对当代大学生如何评价他人、集体和社会有重要的影响。

问卷调查结果表明，当代大学生对参加社会公益活动的自我认同度在若干自我认同选项的比例中最高。逾七成大学生认为自我能积极参加公益活动。对于"加入公益组织参加公益活动"，57.3%的大学生选择"非常积极"，34.1%的大学生选择"比较积极"，二者合计比例达94.4%。这是一个令人感到欣喜的数据，这说明积极参加社会公益活动在当代大学生中越来越流行和普遍，当代大学生乐于在奉献社会中实现自我的价值，把公益心和公益实践作为现代人的必备素质。因为从事社会公益活动的价值是在帮助别人的时候，自己也得到了情感的快乐和自我认知的升华。社会公益活动弥补了国家不能顾及到的领域，有助于社会的和谐稳定，是我为人人，人人为我的精神的生动体现。对于参与公益活动的大学生而言，在置身公益活动时，其参与社会实践的能力、人际沟通能力得到了提高，人生价值观得到了历练和洗涤。

当代大学生对自我的非智力因素认同度仅次于社会公益活动。逾六成大学生认为自我有正义感。对于"我有疾恶如仇的正义感"的选项，25.9%的大学生选择"非常认同"，37.3%的大学生选择"比较认同"，二者合计比例达63.2%。对于"我能够控制好自己的情绪"，28.1%的大学生选择"非常认同"，40.3%的大学生选择"比较认同"，二者合计比例达68.4%。这说明当代大学生对人品、自我调控能力比较重视，尽管我们的社会存在各种各样的问题，但大学生主体依然具有青年人的特质，秉持正义感，乐意以正能量展示给社会和他人。

在如何对待学习的问题上，当代大学生呈现出分化之势。一方面，逾七成大学生认为自我能刻苦学习。对于"我目前刻苦努力学习"，28.9%的大学生选择"非常认同"，42.8%的大学生选择"比较认同"，二者合计比例达71.7%。另一方面，仅有不到六成的大学生认为自我有学习的追求。对于"考试六十分万岁"，30%的大学生选择"不太认同"，29.1%的大学生选择"非常不认同"，二者合计比例达59.1%。同质化的选项，呈现出十个百分点的差异。事实上，在如何对待学习的问题上，当代大学生呈现出两极化趋势。一部分大学生将主要的时间和精力花费在学习之上，而另一部分大学生无论在课堂还是业余时间，学习并未被放置在重要的位置。据日常观察和访谈表明，学习在少数学生之中已成为可有可无的事情。

在创新与就业问题上，当代大学生的自我认同感并不高。一方面，不到六成大学生认为自我有较强的创新意识。对于"我有较强的创新意识"，这一问题20.9%的大学生选择"非常认同"，34%的大学生选择"比较认同"，二者合计比例达54.9%，这也表明近半数大学生对自己的创新意识和创新能力并不认同。另一方面，不到五成大学生对就业前景充满信心。对于"我对就业前景充满信心"这一问题，19.7%的大学生选择"非常认同"，24.3%的大学生选择"比较认同"，二者合计比例达44%。总体而言，当代大学生对就业前景看好度不高。换言之，超过半数的大学生对就业前景没有信心。这与大学生个人在校期间参与社会实践较少有密切的关系，也与高校教师脱离社会实际、高校教育内容偏离社会需要有密切关系。在社会倡导"大众创业、万众创新"的今天，高校的教育内容和教育方式是迫切需要予以重视和改变的一个重要环节。

虽然有上述问题的存在，却有逾六成当代大学生认为自我越来越幸福。对于"我感觉自己越来越幸福"，27.3%的大学生选择"非常认同"，36.6%的大学生选择"比较认同"，二者合计比例达63.9%。这组数据说明当代大学生对自身的学习状况，对自身的生活及所在家庭的生活状态比较满意，也比较自信，对于自身及所在家庭未来的前景充满信心。通过与前面问卷反映出来的种种问题相对照，可以清楚地看出，这种自信、满意当中有一部分是存在问题的，或是没有目标、没有志向的"满意"，或是脱离了大学生实际的盲目的"自信"。调查问卷的结果表明，当代大学生总体上还需要依据社会的需要，加强对自身的正确评价和认识。

二、关心他人和集体

人是社会关系的人。一个人如何对待他人和集体，能折射出他是如何对待社会的。如何对待他人和集体，是衡量当代大学生社会认同度的一项重要指标。问卷调查结果表明，当代大学生渴望与他人交往，渴望参与社会实践，在交往和实践中去认识和解决各种问题。这实质上是一个如何看待个人和集体、个人和社会的关系问题，也是一个融入集体、融入社会的问题。

2017年10月18日，习近平总书记在十九大报告中强调，要加强思想道德建设，加强集体主义教育。① 从根本上讲，集体主义精神要求个人利益服从并符合民族利益和国家利益，符合人民群众的集体利益。社会主义制度的建立为集体主义原则的实现提供了充分条件，在社会主义制度下，国家、集体和个人之间不存在各自利益上的根本对立，也就是说他们之间的利益是根本一致的。国家利益、集体利益是由个体构成的集体的共同努力实现的，反过来它们又是个人利益得以实现的保证。当代大学生总体上

---

① 《中国共产党第十九次全国代表大会文件汇编》，人民出版社2017年版，第34页。

是关心集体的。关心集体表现在愿意加入一定的社会团体或组织,在组织和集体中发挥个人的作用。一方面,当代大学生表现出对大学的基本单元——集体的关注。被问及"您对班级集体事务的关心程度如何"时,"非常关心"占 20.5%,"比较关心"占 60.1%,两部分合计占 80.6%。4/5 左右的大学生对集体和社会比较关心,这说明班集体在大学生心中有比较重的分量。另一方面,当代大学生普遍愿意加入中国共产党,希望在党组织中成长、服务社会。被问及"您入党的目的是什么?"时,选择"更好地为社会、国家、人民服务"占 44.2%,远超其余证明自己、为个人前途和利益等方面近 20 个百分点。这说明当代大学生已认识到集体对于个人的重要性,认识到要为集体做好服务工作。

当代大学生在处理与他人关系的问题上是自信的。问卷调查结果表明,逾六成大学生认为自我能处理好与同学之间的关系。对于"我难以处理好同学之间的关系"的问题,42.6%的大学生选择"不太认同",18.1%的大学生选择"非常不认同",二者合计比例达 60.7%。对于"我经常点赞别人的成功"的问题,34.5%的大学生选择"非常认同",42.4%的大学生选择"比较认同",二者合计比例达 76.9%。这说明大部分大学生懂得欣赏他人,这对处理与同学之间的关系有重要作用。

当代大学生的社会认同还表现在对大学生自身遇到问题时的评价上。对于"怎样看待山东临沂准大学生徐玉玉遭遇网络诈骗一事"的问题,选择"国家相关法律政策不完善"的占 20.7%,"有关部门监管不力"的占 17.7%,"折射了社会诚信缺失"的占 24.1%,"受害者安全防范意识薄弱"的占 37.5%。从大学生的选项上看,他们能够比较全面地分析和认识发生在大学生身上的问题,在他人受骗上当问题上,个人的原因排在第一位,其次是国家和社会的因素。这样的认识是比较客观,也比较公正的,既没有把问题完全推给国家和社会,也没有不顾事实地完全归罪于学生自己。

本章小结

当代大学生对国家和社会有着高度的认同,但其自我认同度相对国家和社会的认同度较低,对他人和集体有着较高的认同,对中国特色社会主义道路、理论、制度和文化有着较高的自信。这其中不可避免地存在一些问题,这些问题的存在,正是需要加以改进的地方。以问题为抓手,是提高当代大学生国家认同和社会认同的有效手段。

第三章 文化认同

新时代大学生的文化认同状况受到了经济全球化、文化多样化、价值多元化等多种因素的影响。随着经济全球化的发展，文化的多样化以及价值观的多元化对大学生的生活方式、价值理念、文化认同状况产生了巨大影响，西方的文化理念日益冲击着大学生对中国传统文化的认知，进而产生了文化认同方面的问题。另外，新媒体时代的到来，多元网络文化对部分青年大学生的思想状况也产生了负面影响。网络文化的娱乐化、碎片化、虚拟性等特点，使个别青年大学生对传统文化、革命文化以及社会主义文化的兴趣下降，反而对娱乐化文化、泛文化产生了兴趣。对此，我们要高度重视，加强研究，找出对策，以求解决问题。

第一节 传统文化认同

2014年5月4日习近平总书记在同北京大学师生座谈会上的讲话中指出："中华优秀传统文化已经成为中华民族的基因，植根在中国人内心，潜移默化影响着中国人的思想方式和行为方式。"[①] 同年10月15日在文艺工作座谈会上的讲话中，习近平总书记谈到："中华优秀传统文化是中华民族的精神命脉，是涵养社会主义核心价值观的重要源泉，也

---

① 《习近平谈治国理政》，外文出版社2014年版，第170页。

是我们在世界文化激荡中站稳脚跟的坚实根基。"① 在这里，习近平总书记关于"中华民族的基因"和"中华民族的精神命脉"的深刻阐述，实际上是将中华优秀传统文化升华为中华民族精神的源头，这就为我们增强民族自信心、民族自豪感和民族凝聚力提供了精神溯源。中国的优秀传统文化蕴含着众多美德和中华民族的古老智慧。中国优秀传统文化是中华民族的文化符号，也是中华民族民族自尊心和民族自信心的重要文化源泉。大学生对中国传统文化的认同感关系着大学生的爱国主义情感和民族认同感。因此，本书调研组对大学生在传统文化方面的认同状况进行了调研。

一、艰苦奋斗精神

调研问卷的数据显示，79.8%的学生非常认同艰苦奋斗的精神，17.4%的青年大学生比较认同。（见表3—1）通过分析调研结果，我们可以发现绝大多数学生认同艰苦奋斗的精神，相信艰苦奋斗会带来事业和生活的成就感，这值得我们欣慰。众所周知，艰苦奋斗既是中华民族的优良传统，中华民族向来以特别能吃苦耐劳、勤俭持家著称于世；它也是我们党的一大优良传统。党的十八大以来，习近平总书记不断地寄语广大青年要继续发扬我们党的艰苦奋斗精神。2013年5月4日，习近平总书记同各界优秀青年代表座谈时的讲话中指出："广大青年一定要矢志艰苦奋斗。'宝剑锋从磨砺出，梅花香自苦寒来。'人类的美好理想，都不可能唾手可得，都离不开筚路蓝缕、手胼足胝的艰苦奋斗。我们的国家，我们的民族，从积贫积弱一步一步走到今天的发展繁荣，靠的就是一代又一代人的顽强拼搏，靠的就是中华民族自强不息的奋斗精神。当前，我们既面临着重要发展机遇，也面临着前所未有的困难和挑战。梦在前方，路在脚下。自胜者强，自强者胜。实现我们的发展目标，需要广大青年锲而不舍、驰

---

① 《习近平在文艺工作座谈会上的讲话》，人民网，2014年10月15日。http://cpc.people.com.cn/n/2015/1015/c64094-27699249.html。

而不息的奋斗。"① 2018年5月2日,习近平总书记在北京大学师生座谈会上的讲话中指出:"广大青年要培养奋斗精神,做到理想坚定,信念执着,不怕困难,勇于开拓,顽强拼搏,永不气馁。幸福都是奋斗出来的,奋斗本身就是一种幸福。为实现中华民族伟大复兴的中国梦而奋斗,是我们人生难得的际遇。每个青年都应该珍惜这个伟大时代,做新时代的奋斗者。"② 这些重要思想对于当代中国青年健康成长具有十分重要的意义。总的来说,艰苦奋斗精神既是一种人生态度,也是一种人生追求,更是一种人生境界。践行艰苦奋斗精神,要从小事做起,从自身做起;要注重当下的努力拼搏,也要使之成为一生的追求。正如邓小平所说:"我们的国家越发展,越要抓艰苦创业。""在艰难困苦的时候需要艰苦奋斗,在物质条件优越的时候也需要艰苦奋斗"。③在我们感到欣慰的同时,我们也发现,仍有极小部分学生不太认同或者非常不认同艰苦奋斗的精神。出现这种状况的原因主要是由于社会上急功近利、走后门、走捷径等不良社会现象对青年大学生的艰苦奋斗思想产生了负面影响。因此,我们要对青年大学生进行正确的思想引导,社会上固然有不良现象,但是要让学生认清社会的主流是好的,通过艰苦奋斗取得成功才是应该被弘扬的精神和文化力量。

---

① 《习近平谈治国理政》,外文出版社2014年版,第52页。
② 习近平:《在北京大学师生座谈会上的讲话》,新华网,2018年5月2日,https://baijiahao.baidu.com/s?id=1599374074905316534&wfr=spider&for=pc。
③ 《邓小平文选》第3卷,人民出版社1993年版,第306页。

表 3—1 我们仍需艰苦努力

分类	项目	频率	有效百分比
有效	非常认同	1056	79.8
	比较认同	231	17.4
	一般认同	29	2.2
	不太认同	4	.3
	非常不认同	4	.3
	总计	1324	100.0

二、诚信友善

习近平总书记高度重视诚信建设问题。2014年5月4日习近平总书记在北京大学师生座谈会上的讲话中强调,"言必信,行必果"、"人而无信,不知其可也","像这样的思想和理念,不论过去还是现在,都有其鲜明的民族特色,都有其永不褪色的时代价值。这些思想和理念,既随着时间推移和时代变迁而不断与时俱进,又有其自身的连续性和稳定性"。① 2016年12月9日习近平总书记在中共中央政治局第三十七次集体学习时强调:"对突出的诚信缺失问题,既要抓紧建立覆盖全社会的征信系统,又要完善守法诚信褒奖机制和违法失信惩戒机制,使人不敢失信、不能失信。"② 当代大学生的诚信认知状况到底如何呢?问卷调查结果显示,对于诚信友善这一问题84.5%的学生非常认同,12.8%的青年大学生比较认同,2.1%的青年大学生一般认同。(见表3—2)诚信友善既是中华民族的传统美德,也是社会主义核心价值观的重要内容之一。青年大学生对诚信友善的认同

---

① 《习近平谈治国理政》,外文出版社2014年版,第170—171页。
② 习近平主持中共中央政治局第三十七次集体学习,中央政府网,2016年12月9日,http://www.gov.cn/xinwen/2016-12/10/content_5146257.htm。

状况较高，其认同度要高于对艰苦奋斗的认同度。诚信友善作为重要的价值原则，是促进社会和谐的重要美德，也是青年大学生进行社会交往的重要道德品质。青年大学生认识到了诚信友善的重要性，这表明青年大学生在进行价值认同时，对价值理念有着较为正确的判断，对正确的价值理念持积极的认同态度。诚信友善的精神的总体认同状况较高，也显示了我们对诚信友善的宣传教育起到了良好的作用。

表3—2 人们之间要诚信友善

分类	项目	频率	有效百分比
有效	非常认同	1118	84.5
	比较认同	170	12.8
	一般认同	28	2.1
	不太认同	3	.2
	非常不认同	4	.3
	总计	1323	100.0

三、孝顺父母

青年大学生对于"我很孝顺父母"这一问题的选择结果是：71.4%的学生非常认同这一理念，24.0%的青年大学生比较认同，4.4%的青年大学生一般认同，0.3%的学生不太认同。（见表3—3）从古至今孝顺父母都是被赞美和传颂的道德品质，孝道作为中华民族的传统美德理应被传承和发扬光大。虽然大多数学生认同"孝顺父母"这一理念，但是仍有4.4%的青年大学生一般认同，0.3%的学生不太认同，青年大学生"孝顺父母"的行为还有提高的空间。究其原因有以下几点：（1）青年大学生的叛逆精神与父母的管教产生冲突，有些大学生对孝顺父母产生了不屑感；（2）青年大学生的思想观念与父母的教育理念有差异，这导致青年大学生与父母之间产生了思想隔阂。另外，由于西方价值理念的影响，极少数青年大学生对传统的道德美德缺少了敬畏心，产生了疏离感。

表3—3 我很孝顺父母

分类	项目	频率	有效百分比
有效	非常认同	944	71.4
	比较认同	317	24.0
	一般认同	58	4.4
	不太认同	4	.3
	总计	1323	100.0

四、传统习俗

青年大学生对于"中华传统文化历久弥新"的认同状况：73.7%的学生非常认同，19.2%的青年大学生比较认同，6.1%的青年大学生一般认同，0.8%的学生不太认同，0.2%的学生非常不认同。（见表3—4）近年来，随着我们对中华传统文化的宣传和弘扬，青年大学生对中华传统文化历久弥新的认同度较高，其认同度高于对本民族习俗的认同度。但是仍有一部分大学生并不认同中华民族文化的历久弥新，这与西方文化的影响有一定关系。我们应该加强对中华民族传统文化的普及和宣传，弘扬中华传统文化中的优秀成分，增强大学生对传统文化的认同感。

表3—4 中华传统文化历久弥新

分类	项目	频率	有效百分比
有效	非常认同	974	73.7
	比较认同	254	19.2
	一般认同	80	6.1
	不太认同	11	.8
	非常不认同	3	.2
	总计	1322	100.0

总体来说，大学生对中国传统文化的认同度较高。在大学生对中国传统文化的认同问卷调查中，大学生对"诚信友善"的认同度最高，对"喜欢本民族习俗"的认同度相对较低。大学生对涉及"诚信友善"等道德美德的理念有着积极的态度，但是对涉及具体行为的价值理念的认同度仍有提高的空间。传统文化习俗是中华民族文化的瑰宝，大学生对本民族传统习俗的熟悉度和认同度还应该进一步加强。我们在宣传教育中应该进一步加强对中华优秀传统文化的宣传和普及力度，加强大学生对我国优秀传统文化的熟悉程度，要让青年大学生自觉地继承和弘扬优秀传统文化，加强青年大学生的中华民族认同感和民族责任感，为促进中华优秀传统文化的发展而贡献力量。

第二节　革命文化认同

中国的近现代史是中国人民不断革命奋斗的历史，中国共产党为了实现中华民族的独立和伟大复兴做出了巨大贡献。我们党在领导全国各族人民推进革命、建设与改革的伟大事业中创造了一系列内涵丰富的革命文化，它是中华民族优秀文化宝库中的重要组成部分。党的十八大以来，习近平总书记高度重视革命文化的继承与弘扬，他先后考察了多处革命老区，对传承革命文化作出了许多重要的指示。2016年4月24日至27日习近平总书记在安徽调研时强调："革命传统教育要从娃娃抓起，既注重知识灌输，又加强情感培育，使红色基因渗进血液、浸入心扉，引导广大青少年树立正确的世界观、人生观、价值观。"[①] 当代青年大学生理应成为革命文化的继承者和弘扬者。

---

① 《习近平安徽调研关注几件大事》，新华网，2016年4月27日。http://www.xinhuanet.com/politics/2016-04/27/c_1118755313.htm。

一、延安精神

64.0%的青年大学生非常认同"延安精神不过时"的观点,其中25.5%的学生选择的是"比较认同",8.4%的学生选择的是"一般认同"(见表3—5)。青年大学生对延安精神认同度的有效百分比为97.9%,对延安精神不认同的有效百分比为2.1%,总体来说青年大学生对延安精神是高度认同的。这反映了我们对延安精神的宣传起到了正面的积极作用,青年大学生熟知并认同延安精神,有助于延安精神不断发扬光大。但是,大学生对延安精神的认同度还有提高的空间,对大学生进行延安精神的宣传时,要批判历史虚无主义思潮,澄清它的不良影响,正面弘扬延安时期的革命事迹,加强大学生对延安时期的革命文化的认同感。

表3—5 延安精神不过时

分类	项目	频率	有效百分比
有效	非常认同	842	64.0
	比较认同	337	25.5
	一般认同	110	8.4
	不太认同	21	1.6
	非常不认同	6	.5
	总计	1316	100.0

二、长征精神

青年大学生对于"长征精神等革命文化精神应该继承发扬"的认同度:71.3%的学生非常认同,20.6%的学生比较认同,6.6%的学生一般认同,1.1%的学生不太认同,0.4%的学生非常不认同。(见表3—6)青年大学生对长征精神认同度的有效百分比为98.5%,不认同的有效百分比为1.5%。青年大学生对长征精神的认同度普遍高于其他革命精神的认同度,这与近期我们纪念宣传长征精神有一定关系。2016年是长征胜利80周年，党和国家举行了一系列纪念活动。习近平总书记对长征精神进行了凝练性总结，他指出，长征精神"就是把全国人民和中华民族的根本利益看得高于一切，坚定革命的理想和信念，坚信正义事业必然胜利的精神；就是为了救国救民，不怕任何艰难险阻，不惜付出一切牺牲的精神；就是坚持独立自主、实事求是、一切从实际出发的精神；就是顾全大局、严守纪律、紧密团结的精神；就是紧紧依靠人民群众，同人民群众生死相依、患难与共、艰苦奋斗的精神。"① 通过一系列纪念长征胜利的活动，大学生学习到了长征精神所体现的理想信念力量，他们对长征精神产生了熟悉感，并有了高度的认同感。

表3—6 长征精神等革命文化精神应该继承发扬

分类	项目	频率	有效百分比
有效	非常认同	942	71.3
	比较认同	272	20.6
	一般认同	88	6.6
	不太认同	15	1.1
	非常不认同	5	.4
	总计	1322	100.0

三、革命精神

青年大学生对于"革命精神永不过时"的认同度：60.4%的学生非常认同，24.2%的学生比较认同。（见表3—7）青年大学生对革命精神的认

---

① 习近平：《在纪念红军长征胜利80周年大会上的讲话》，载《人民日报》，2016年10月22日，第1版。

同度达到97.1%，总体来说青年大学生认识到了革命精神的积极作用，但是仍有小部分学生选择的是不认同。产生这种现象的原因，一方面由于革命战争年代与现代有一定的时间距离感；另一方面与网络上存在的诋毁、抹黑革命精神的言论有一定关系。另外，我们的宣传教育中也应该继续加强对革命精神的宣传，特别是要加强对革命精神中具体事件、人物的认识，使学生把对革命精神的抽象认识转化为具体的形象化认识。

青年大学生对于"宣传或传播红色革命文化"的态度：40.1%的学生非常积极，37.3%的学生比较积极，19.4%的学生不太积极，3.2%的学生非常不积极。绝大多数青年大学生对传播、宣传红色革命文化持有积极的态度，但仍有少部分大学生对此的认同度比较低，这一方面是由于随着革命战争年代的远去，青年大学生对革命文化有了疏离感；另一方面的原因在于，西方文化的影响和历史虚无主义对革命文化的抹黑，使得一些青年大学生对红色革命文化产生反感和排斥心理，严重影响了青年大学生对革命文化的认同感。

表3—7 革命精神永不过时

分类	项目	频率	有效百分比
有效	非常认同	795	60.4
	比较认同	319	24.2
	一般认同	165	12.5
	不太认同	32	2.4
	非常不认同	6	.5
	总计	1317	100.0

青年大学生对于"维护邱少云等英烈形象"的态度：47.5%的学生表示非常积极，40.5%的学生比较积极，11.2%的学生不太积极，0.9%的学生非常不积极。前段时期微博上侮辱嘲讽邱少云英烈的行为虽然受到了法

律的制裁，但历史虚无主义不会就此消失，就像以和平年代的心理质疑战争年代邱少云英烈的大义行为一样，历史虚无主义还会在一些问题上兴风作浪，我们要时刻保持警惕，与之进行坚决斗争。

总之，青年大学生对革命文化的认同度，以及对传统文化的认同度都是较高的，当然还有极少数青年大学生的认同度不高，这反映了青年大学生对革命文化的疏离，也反映了革命文化宣传教育有待进一步改进。另外，延安精神的认同度虽然低于长征精神的认同度，但却高于其他革命文化的认同度。这反映了我们对延安精神和长征精神的宣传起了一定作用，其他革命文化由于宣传力度不够以及受到网络攻击等原因，使得青年大学生的认同度较低。

在过去相当长一段时间里我们所进行的思想宣传中，对革命文化的宣传不够充分，网络上历史虚无主义的思潮对革命文化进行解构和离析，通过"去英雄化"的言论来瓦解青年大学生的理想信念，影响着广大青年大学生对革命历史和革命文化的正确认识，党的十八大以来，我们党高度重视革命文化的宣传教育，采取了一系列行之有效的措施，加强对革命文化和革命精神的宣传教育，有力地回击了历史虚无主义和各种诋毁革命文化的言论，这对增强大学生对革命文化的认同感起到了至关重要的作用。

本章小结

新时代大学生的文化认同状况受到各种因素的影响，随着全球化的发展，文化多样化、价值观多元化不断改变着青年大学生的文化认同状况。社会环境的变化与发展对大学生的文化认同状况有着深刻的影响。社会思潮影响着大学生的文化认同状况。网络新媒体的发展对大学生的信息接收渠道产生了重要影响，也对大学生的思想状况和文化认同状况产生了影响。思想宣传教育对大学生有着潜移默化的影响，思想宣传工作促进了大学生对革命文化和社会主义文化的认同度，增强了大学生对社会主义意识形态的认同感。调研结果显示，大部分大学生对传统文化、革命文化和社会主义文化都持认同态度，他们对中华民族的传统文化和传统道德持积极态度,他们认识到了革命文化的重要性,并主张弘扬和继承革命文化和革命精神,他们认同社会主义核心价值观,对社会主义意识形态持肯定态度。但是调研问卷也显示部分大学生受不良社会思潮的影响,他们的文化认同度仍有待提高。

总体来说,大学生的文化认同状况呈现积极的方向,但是大学生的文化认同状况也存在一些问题。部分大学生存在盲目追捧西方文化的行为,缺乏对西方文化的反思和独立思考。部分大学生受不良社会思潮的影响,对革命文化存在着片面认识,影响着他们对革命文化的认同度。

第四章 治国理政成效认同

党的十八大以来，以习近平同志为核心的党中央面对国际国内深刻复杂的矛盾、风险和挑战，团结带领全党全军全国各族人民为实现中华民族伟大复兴的中国梦，锐意进取，在中国特色社会主义经济建设、政治建设、文化建设、社会建设、生态建设、政党建设等方面进行了一系列重大探索，形成了习近平新时代中国特色社会主义思想，并在实践中取得了令人瞩目的成就。大学生对党的十八大以来党中央治国理政成效的认同状况如何，直接反映了他们对新一届党中央的信任程度和支持力度，也在一定程度上反映了他们能否以饱满的热情投入到全面深化改革的洪流。本章将结合现有文献和问卷调查，从两个方面阐析新时代大学生对治国理政成效的认同状况。①

第一节 民生改善认同

保障和改善民生是治国理政的主要内容。改革开放以来尤其是党的十八大以来，我国民生改善状况明显。如城镇新增就业和城乡居民收入持续

---

① 本书写作于 2018 年，因此很多数据反应的是当时的实际情况。为便于读者了解我国在相关领域所取得的最新发展成就，我们根据相关资料为读者提供部分最新数据，供大家参考。

增加，2011—2014年累计新增就业数量5119万人（"十三五"时期我国城镇新增就业超过6000万人①）；城镇登记失业率保持在4.1%左右（2020年末，城镇调查失业率为5.2%，城镇登记失业率为4.2%②）。扣除价格因素，城镇居民、农村居民人均可支配收入年均实际增长分别为7.9%和10.1%（"十三五"时期，全国居民人均可支配收入年均实际增长5.6%，快于同期人均国内生产总值年均增速③）。物价保持基本稳定，最低工资标准逐年提升，人民生活明显改善；社会事业和民生保障的财政支出逐年增大，养老、医疗、住房等社会保障水平稳步提高。新型农村养老保险和城镇居民养老保险合并为统一的城乡居民基本养老保险制度，实现制度全覆盖（多层次社会保障体系加快完善，建成世界上规模最大的社会保障体系。2020年末，全国基本养老保险覆盖近10亿人，基本医疗保险覆盖超过13亿人④）。企业退休人员基本养老金2010年月人均为1362元，2014年已超过2000元。城乡居民最低生活保障标准年均增长10%以上。2011—2014年贫困人口数量累计减少近1亿人（脱贫攻坚成果举世瞩目，5575万农村贫困人口实现脱贫，960万建档立卡贫困人口通过异地扶贫搬迁摆脱了"一方水土难养一方人"困境，区域性整体贫困得到解决，完成了消除绝对贫困的艰巨任务。⑤ 党的18大以来。9899万农村贫困人口实现脱贫，直接推动全球贫困人口总量显著下降，对全球减贫贡献率超过70%。平均

---

① 国务院研究室编写组：《十三届全国人大四次会议〈政府工作报告〉辅导读本》，人民出版社、言实出版社2021年版，第8页。
② 国务院研究室编写组：《十三届全国人大四次会议〈政府工作报告〉辅导读本》，人民出版社、言实出版社2021年版，第19页。
③ 国务院研究室编写组：《十三届全国人大四次会议〈政府工作报告〉辅导读本》，人民出版社、言实出版社2021年版，第78—79页。
④ 国务院研究室编写组：《十三届全国人大四次会议〈政府工作报告〉辅导读本》，人民出版社、言实出版社2021年版，第79页。
⑤ 国务院研究室编写组：《十三届全国人大四次会议〈政府工作报告〉辅导读本》，人民出版社、言实出版社2021年版，第7—8页。

每年 1000 多万人脱贫，相当于一个中等国家人口脱贫。2020 年贫困地区农村居民人均可支配收入达 125588 元。"十三"五时期，年均名义增长 10.4%，快于同期全国农村居民人均可支配收入 2.0 个百分点。① 到 2020 年年末，常住人口城镇化率超过 60%，户籍人口城镇化率达 45.4%。城乡差距不断缩小，城乡居民人均可支配收入之比由 2015 年的 2.73 缩小至 2020 年的 2.56，人均消费支出之比由 2.32 缩小至 1.97②）。全国城镇保障性安居工程建设提速，2011—2015 年 9 月底，累计开工 3920 万套，基本建成 2695 万套（住房保障和供应体系建设稳步推进，"十三五"时期，全国各类棚户区改造累计开工超过 2300 万套，帮助 5000 多万居民实现安居梦③），保障性住房覆盖面明显扩大等。④

对于人民生活发生的巨大变化⑤，大学生的认同度如何？课题组主要从收入分配改革状况、教育公平状况、医疗改善状况、闲暇生活状况四个维度进行了调查。

---

① 国务院研究室编写组：《十三届全国人大四次会议〈政府工作报告〉辅导读本》，人民出版社、言实出版社 2021 年版，第 73 页。
② 国务院研究室编写组：《十三届全国人大四次会议〈政府工作报告〉辅导读本》，人民出版社、言实出版社 2021 年版，第 74 页。
③ 国务院研究室编写组：《十三届全国人大四次会议〈政府工作报告〉辅导读本》，人民出版社、言实出版社 2021 年版，第 79 页。
④ 本书编写组：《〈中共中央关于制定国民经济和社会发展第十三个五年规划的建议〉辅导读本》，人民出版社 2015 年版，第 3—4 页。
⑤ 据国务院研究室编写组编写，人民出版社、言实出版社 2021 年出版的《十三届全国人大四次会议〈政府工作报告〉辅导读本》第 79 页的资料显示："2020 年，全国居民人均可支配收入达 32189 元，比 2020 年增长 1 倍。居民消费层次不断提升。2020 年，全国居民每百户家用汽车、空调、移动电话拥有量分别为 37.1 辆、117.7 台、253.8 部，分别比 2015 年增长 63.4%、44.4%、12.9%；全国居民人均服务性消费支出占居民人均消费支出比重为 42.6%，比 2015 年提高 1.5 个百分点。"

一、收入分配改革

改革开放40多年来，我国收入分配制度改革持续推进。改革打破了传统计划经济体制下平均主义的分配方式，在坚持按劳分配为主体的基础上，允许和鼓励资本、技术、管理等要素按贡献参与分配，不断加大收入分配调节力度。特别是近些年来，按照科学发展、协调发展的要求，充分发挥再分配调节功能，加大保障和改善民生力度，极大调动了各方面的积极性，城乡居民收入普遍提高，生活质量显著改善，对推动经济持续发展、促进社会和谐发挥了重要作用。在我们的访谈中，大学生对改革开放以来特别是近些年来人民群众收入水平的增长有着较高的认同，对党和政府推进收入分配改革的成绩表示肯定。但同时他们也强烈地感受到，我国城乡区域发展差距和居民收入分配差距依然较大；收入分配不合理的现象也比较突出，比如垄断行业的高收入问题，一些领域"灰色收入"、"隐性收入"甚至非法收入大量存在等问题；以及部分群众生活比较困难等。

目前，收入分配改革是一个世界性的难题。对我国这样一个拥有14亿多人口的发展中大国来说，收入分配制度改革的艰巨性和复杂性超过了任何一个国家。党和政府能否在短时间内有效遏制和逐步缩小收入差距，部分大学生对此并不乐观。

当问及"从现在到未来四年内，您对贫富差距逐步缩小的信心程度如何"时，表示"非常有信心"的和表示"比较有信心"的占被调查大学生总数的五成三；而表示"信心一般"、"不太有信心"和"完全没信心"的比例，占到了46.3%，足见部分大学生对党和政府在短时间内有效遏制和逐步缩小收入差距信心不足。尽管如此，总的来看，绝大多数大学生对党和政府在短时间内实现居民收入的稳步增长还是有信心的。

当问及"从现在到未来四年内，您对个人收入稳步增长的信心程度如何"时，表示"非常有信心"和表示"比较有信心"的占被调查大学生总数的 68%，接近七成，而表示"不太有信心"和"完全没信心"的比例，仅占 6.2%。可见，大学生对未来居民个人收入稳步增长的预期还是比较高的。

二、教育公平

教育是提高人们社会地位的重要阶梯。美国社会学家布劳和邓肯 1967 年在对美国社会流动的研究中发现，儿子的地位能否高于父亲的地位，最重要的因素是儿子受过多少教育。新中国成立后，在很长一段时间内，教育对于改变命运仍然是非常有效的。穷人家的孩子如果考进大学，毕业之后就能进入体制内，成为国家干部。改革开放之初，随着高考制度的恢复，一大批出身寒门的年轻人抱着知识改变命运的信念，通过高考，实现了"鲤鱼跳龙门"的愿望。这不仅改变了他自己的人生，甚至也改变了他的整个家庭以及家庭中下一代人的命运。

应当说，改革开放以来，我国教育事业发展水平明显提高。比如九年义务教育全面普及，巩固率从 89.7% 增至 92.6%。高中阶段教育基本普及，毛入学率从 82.5% 增至 86.5%（2020 年，九年义务教育巩固率达 95.2%，高中阶段教育毛入学率达 91.2%，高等教育进入普及化阶段①）。现代职业教育体系框架基本形成，新增劳动力大部分受过高中阶段教育。高等教育规模稳步扩大，毛入学率从 26.5% 提高到 37.5%（2019 年，全国各类高等教育在学总规模达 4002 万人，比上年增加 169 万人。高等教育毛入学率达到 51.6%，比上年提高 3.5 个百分点，迈入普及化发展阶段②）。教育领域综合改革不断深化。考试招生制度改革全方位推展。以管、办、

---

① 国务院研究室编写组：《十三届全国人大四次会议〈政府工作报告〉辅导读本》，人民出版社、言实出版社 2021 年版，第 79 页。
② 教育部：《中国教育概况——2019 年全国教育事业发展情况》，http://www.moe.gov.cn/jyb_sjzl/s5990/202008/t20200831_483697.html。

评分离为导向的教育管理体制和办学体制改革出现新的格局。① 对于改革开放以来我国教育事业发展取得的成绩，大学生普遍表示认可。但有一个事实不得不承认，即到了 20 世纪 90 年代中期以后，随着市场化为导向的教育改革的推进，教育不公现象越来越突出，教育公平问题逐渐成为人们关注的热点问题之一。如根据新华网连续十年推出的两会热点调查，教育公平已经连续八次成为备受网友关注的十大热点话题之一。在我们的访谈中，大学生对教育公平问题也很关注。受访学生认为，社会权力和财富分配不均是造成当前教育不公平的首要原因。比如社会精英和富裕家庭的孩子可以通过花钱读名校甚至可以到国外的学校去学习，而社会底层人家的孩子则没有选择学校的任何权力；受访学生认为，教育资源分配不均是造成当前教育不公平的重要原因。农村地区尤其是老、少、边、穷地区，优质教育资源短缺，解决进城务工人员子女、农村留守儿童、西部女童、残障孩子的教育保障等问题依然很严峻。受访学生认为，教育不公平会带来很大的恶果，底层社会成员向上流动的渠道变得越来越狭窄，从而造成社会阶层固化。教育公平是社会公平的底线，关系着社会信心的塑造，因此必须加大力度解决教育不公问题。党和政府能够解决教育不公问题吗？我们对这一问题进行了问卷调查。

从调研结果看，如表 4—1 所示，当问及"从现在到未来四年内，您对教育资源分配更加公平的信心程度如何"时，有 67.3% 的大学生对"教育资源分配更加公平"抱有信心，而表示"不太有信心"和"完全没信心"的大学生占被调查学生总数的 14.8%。可见，对未来解决教育不公现象有部分大学生的信心略有不足。

---

① 本书编写组：《〈中共中央关于制定国民经济和社会发展第十三个五年规划的建议〉辅导读本》，人民出版社 2015 年版，第 5 页。

表 4—1 教育资源分配更加公平

分类	项目	频率	有效百分比
有效	非常有信心	336	25.5
	比较有信心	420	31.8
	信心一般	368	27.9
	不太有信心	155	11.8
	完全没信心	40	3.0
	总计	1319	100.0

三、医疗改善

我国《宪法》明确规定：中华人民共和国公民在年老、疾病或者丧失劳动能力的情况下，有从国家和社会获得物质帮助的权利。平等地享有获得国家所提供的医疗卫生服务，是每一个公民应当享有的最基本的权利。改革开放以来，我国医疗保障制度得到完善，城镇职工、城镇居民基本医保和新型农村合作医疗三项基本医保（合）人数达到13.3亿，参保（合）率年均稳定在95%以上（截至2020年底，全口径基本医疗保险参保人数达136100万人，参保覆盖面稳定在95%以上①）。三项基本医保政策范围内住院费用报销比例分别达到80%、70%和75%。到2015年底，大病医保覆盖所有城乡居民基本医保参保人群，大病保险支付比例将达到50%以上。疾病应急救助制度全面建立。城乡基层医疗卫生服务体系不断完善。所有政府办乡镇卫生院、社区卫生服务中心和86%的村卫生室配备使用基本药物。公立医院综合改革全面推开，医改综合改革试点取得进展。实施12类45项基本公共服务项目，惠及近2亿人。国民健康水平进一步提高，

---

① 国家医疗保障局：《2020年医疗保障事业发展统计快报》，http://www.nhsa.gov.cn/art/2021/3/8/art_7_4590.html。

人均预期寿命提高1岁，已达76岁（城乡居民健康水平持续提高，居民人均预期寿命由2018年的77.0岁提高到2019年的77.3岁①）左右。② 从调研情况看，公共医疗卫生服务取得的长足进步，大学生是有目共睹的。在访谈中我们发现，大学生对近些年来我国基本公共医疗卫生服务所取得的成就基本上是认同的，但也有一些不满意的地方。比如，当我们问及"当你生病时，会不会到社会医院就医"时，几乎所有的学生都回答，如果是感冒、发烧类疾病，可以选择去社区医院门诊就医，但如果有比较大的疾病，肯定不会选择去社区医院门诊就医。原因是医生水平不高、医疗技术设备落后，容易误诊。当问及"当前医院是否还存在看病难、看病贵"问题时，几乎所有的学生都回答"是"。但学生们也反映，三甲医院和专科医院人满为患，有时做胃镜等需要等待一个月之久才能排得上。可见，医疗卫生资源配置的非均等化以及看病难、看病贵等问题依然十分突出。

2014年12月，习近平总书记在考察江苏省镇江市世业镇卫生院时提出，医疗卫生服务直接关系人民身体健康。要推动医疗卫生工作重心下移、医疗卫生资源下沉，推动城乡基本公共服务均等化，为群众提供安全有效方便价廉的公共卫生和基本医疗服务，真正解决好基层群众看病难、看病贵问题。2016年8月，习近平在全国卫生与健康大会上又进一步指出，要坚持提高医疗卫生服务质量和水平，让全体人民公平获得。要坚持正确处理政府和市场关系，在基本医疗卫生服务领域政府要有所为，在非基本医疗卫生服务领域市场要有活力。这表明，提高医疗卫生服务质量和水平是今后政府向社会成员提供基本公共服务均等化的重要目标。从调研结果来看，大学生对政府实现这一目标是比较有信心的。

从表4—2可见，当问及"从现在到未来四年内，您对居民医疗条件

---

① 国家卫健委规划发展与信息化司：《2019年我国卫生健康事业发展统计公报》，http://www.nhc.gov.cn/guihuaxxs/s10748/202006/ebfe31f24cc145b198dd730603ec4442.shtml。

② 本书编写组：《〈中共中央关于制定国民经济和社会发展第十三个五年规划的建议〉辅导读本》，人民出版社2015年版，第4页。

改善的信心程度如何"时,有 30.9% 的学生表示"非常有信心",有 41.3% 的学生表示"比较有信心",两者之和达到 72.2%;而表示"不太有信心"和"完全没信心"的大学生仅占被调查学生总数的 7.7%。足见大学生对政府改善居民的医疗条件有很大的信心。

表 4—2　居民医疗条件改善

分类	项目	频率	有效百分比
有效	非常有信心	409	30.9
	比较有信心	546	41.3
	信心一般	265	20.0
	不太有信心	87	6.6
	完全没信心	15	1.1
	总计	1322	100.0

四、闲暇生活

闲暇时间的增多是社会进步的标志,具有重要人本学意义。马克思指出,时间实际上是人的积极存在,它不仅是人的生命的尺度,而且是人的发展的空间。在未来社会里,由于劳动异化的消除,劳动将成为人们自主自愿的、具有创造性的高级活动,此外由于生产力的极大提高,使得必要劳动时间越来越少,剩余劳动时间(也即自由时间)越来越多。在闲暇时间内,人们不仅可以休息和娱乐,进行物质和精神文化消费,也可以发展智力,在精神上掌握自然,[①] 可以利用更多的时间从事自己喜欢做的事,由此提升人的价值,激发人的全面才能。人们有了充裕的休闲时间,就等于享有了充分发挥自己一切爱好、兴趣和才能的广阔空间,真正进入了人类的"自由王国"。

---

① 《马克思恩格斯全集》第 37 卷,人民出版社 2019 年版,第 161 页。

拥有悠闲的闲暇生活是现代社会成员生活质量提升的重要标志。在我们的调研中，大学生对当前社会成员拥有一定的闲暇生活表示肯定，特别是随着节假日的增多，有49%的大学生对"闲暇时间增多"表示"非常有信心"和"比较有信心"；有55.8%的大学生对"外出旅游机会增多"表示"非常有信心"和"比较有信心"。

表4—3 闲暇时间增多

分类	项目	频率	有效百分比
有效	非常有信心	280	21.2
	比较有信心	377	28.6
	信心一般	413	31.3
	不太有信心	202	15.3
	完全没信心	47	3.6
	总计	1319	100.0

表4—4 外出旅游机会增多

分类	项目	频率	有效百分比
有效	非常有信心	328	24.8
	比较有信心	419	31.7
	信心一般	366	27.7
	不太有信心	167	12.7
	完全没信心	40	3.0
	总计	1320	100.0

社会成员利用节假日和周末与家人朋友旅游、看电影电视等，可以说，休闲活动是丰富多彩的。但部分大学生同时也认为，有一部分社会成员，特别是青年群体，他们虽然也拥有较多的假期，却不一定有太多能够

自由支配的时间，因为工作压力太大和工作紧张已成为他们生活的主旋律。因此，如何解决这一问题，这是提升社会成员生活质量的重要课题。

第二节　综合国力认同

所谓综合国力，是指一个主权国家赖以生存和发展的各种力量的总合，是其所拥有的所有实力的综合体现。① 综合国力的强弱反映了一个国家的发展水平，决定着它满足国民需求、解决国内问题的能力，同时也体现了一个国家的整体实力和国际地位。因此，任何一个国家都以增强自己的综合国力为追求目标。冷战结束之后，特别是进入新世纪以来，世界上综合国力竞争的内容可以说是全方位的，表现在经济、政治、科技、军事、文化和人才等各个方面。当代大学生对国家综合国力的认同状况如何，课题组对此进行了调查。

一、对我国经济发展前景的信心状况

改革开放以来，我国国民经济蓬勃发展，经济总量连上新台阶，综合国力和国际竞争力由弱变强。据国家统计局数据显示，1979—2012 年，我国国内生产总值年均增长 9.8%，同期世界经济年均增速只有 2.8%。继 2010 年超过日本成为世界第二大经济体后，我国经济总量稳步攀升，2014 年达到 643974 亿元（"十三五"时期，国内生产总值从不到 70 万亿元增加到超过 100 万亿元②），占世界的份额达到 13.3%。我国经济对世界经济复苏作出了重要贡献，2011—2014 年对世界经济增长的贡献率超过四分

---

① 胡光宇：《中国治理：依法治国 让社会更加公平正义》，清华大学出版社 2015 年版，第 154 页。

② 国务院研究室编写组：《十三届全国人大四次会议〈政府工作报告〉辅导读本》，人民出版社、言实出版社 2021 年版，第 7 页。

一 (到2017年,我国对世界经济增长贡献率超过百分之三十①)。人均国民总收入也实现同步快速增长,根据世界银行数据,我国人均国民总收入由1978年的190美元上升至2012年的5680美元,按照世界银行的划分标准,已经由低收入国家跃升至上中等收入国家〔2020年,国内生产总值达101.6万亿元,占世界经济比重预计达到17%左右,稳居世界第二位。人均国民总收入(GNI)突破1万美元,按世界银行标准,达到中高收入国家水平②〕。对于中国取得的巨大成绩,大学生普遍表示认同。

表4—5 我国的经济发展成效显著

分类	项目	频率	有效百分比
有效	非常认同	845	63.9
	比较认同	352	26.6
	一般认同	107	8.1
	不太认同	15	1.1
	非常不认同	3	.2
	总计	1322	100.0

从表4—5可见,当问及"就目前而言,您是否认同我国的经济发展成效显著"时,有63.9%的大学生表示"非常认同",有26.6%的大学生表示"比较认同",两者之和达90.5%;而表示"一般认同"、"不太认同"和"非常不认同"的仅占9.4%。

但随着经济发展进入新常态,我国经济是否还能稳步推进,这是当前人民群众普遍关心和关注的话题。从调研结果看,有超过九成的大学生表示"非常有信心"和"比较有信心",如表4—6所示。

可见,尽管全球经济疲弱,中国经济下行压力骤增,绝大多数学生对

---

① 《中国共产党第十九次全国代表大会文件汇编》,人民出版社2017年版,第3页。
② 本书编写组:《中国共产党简史》,2021年版,第516页。

我国经济发展前景还是充满信心，对党和政府驾驭经济的能力充满了期望。

表 4—6　国家发展越来越好

分类	项目	频率	有效百分比
有效	非常有信心	818	61.9
	比较有信心	403	30.5
	信心一般	84	6.4
	不太有信心	13	1.0
	完全没信心	3	.2
	总计	1321	100.0

二、中国国际地位和国际影响力认同

"国际地位"是指一个国家在国际体系中所处的位置和该国在与其他国际行为主体相互联系、相互作用而形成的国际力量对比结构中的状态。① 改革开放 40 多年来，中国经济长期保持快速增长，综合国力不断提升，国际地位和国际影响力显著提高，日益从国际舞台的边缘走向中心，成为一个有影响力、负责任的大国。2008 年的全球金融危机，中国不仅经受住了冲击，保持了经济平稳较快增长，而且成为带动全球经济复苏的重要力量。"一带一路"是中国在新的历史条件下实行全方位对外开放的重要举措，不仅关乎未来中国改革发展、稳定繁荣乃至实现中华民族伟大复兴，而且更有利于将政治关系、地缘毗邻、经济互补等优势转化为务实合作、持续增长优势，打造政治互信、经济融合、文化包容的利益共同体、责任共同体和命运共同体。中国"国内政局稳定，有中国特色社会主义的发展模式和经验，得到世界上越来越多不同类型国

---

① 臧具林、卜伟才：《中国广播电视"走出去"战略研究》，中国国际广播出版社 2014 年版，第 1 页。

家和人民的理解和肯定","对外关系领域,外交政策日益成熟稳定,独立自主和平外交政策长期得到坚持和贯彻,不断得到充实和完善,在国际事务中按照事情本身的是非曲直来决定自己的立场和政策,赢得了世界各国的信任,大国风范空前显著"。① 总之,随着中国国际地位的提高,国际社会对中国的借重依赖明显增强,"中国声音"受到越来越多国家的尊重和认同。对于改革开放以来中国国际地位和国际影响力显著增强,大学生是有着高度认同的,普遍认为中国的持续发展和经济实力增长是国际地位不断提升的根基。

随着中国国际地位的提升,国际社会期待中国承担更多的国际责任。但正如邓小平所言,中国是个大国,另一方面实际上是小国,是不发达国家,或叫发展中国家。我国仍处于并将长期处于社会主义初级阶段的基本国情没有变,我国是世界最大发展中国家的国际地位没有变。在此情况下,大学生普遍认为,作为一个拥有14亿多人口的发展中国家,只有首先把自己的事情办好,才是中国对世界承担的最大责任。但不可否认,随着中国综合国力和国际影响力的提升,中国一定能够为世界承担更多的责任,作出更大的贡献。当问及"从现在到未来四年内,您对国家地位逐步提升的信心程度如何"时,有59%的大学生表示"非常有信心",有32.5%的大学生表示"比较有信心",两者之和达91.5%,而"信心一般"、"不太有信心"和"完全没信心"的大学生仅占被调查学生总数的8.5%,可见,受访者大学生对未来中国国际地位逐步提升持乐观预期。

---

① 蒲傅:《和平发展道路与和谐世界理念》,载《教学与研究》2007年第11期。

表4—7 国际地位逐步提升

分类	项目	频率	有效百分比
有效	非常有信心	780	59.0
	比较有信心	429	32.5
	信心一般	95	7.2
	不太有信心	13	1.0
	完全没信心	4	.3
	总计	1321	100.0

三、国家综合国力稳步提升的信心状况

综合国力是一个国家所拥有的生存、发展以及对外部施加影响的各种力量和条件的总和。它包括地理环境、人口、资源、经济、科技和国防实力、国民凝聚力在内的生存力，包括社会、经济、科技、国防各方面发展的综合能力，也包括国家战略目标、国家意志、政治制度、政府素质、调整改革能力在内的协同力的有机结合。江泽民指出，当今各国特别是大国之间的关系，集中表现为包括经济实力、科技实力、国防实力、民族凝聚力在内的综合国力的较量与竞争。这种全球政治和经济发展的特点，在21世纪将持续很长一段时间。改革开放40多年来，尽管我国综合国力有了很大提高，但与发达国家相比，仍存在着较大的差距。当前我国已进入全面深化改革的新时代，"中国作为发展中的社会主义国家，能不能及时抓住这种机遇，不断增强自己的综合国力和国际竞争力，有效战胜各种挑战，这是一个关系我们党、国家、民族前途命运的重大考验"[①]。对于国家综合国力稳步提高的预期，九成大学生是有信心的。

---

① 《江泽民文选》第2卷，人民出版社2006年版，第329—330页。

表 4—8 综合国力稳步提高

分类	项目	频率	有效百分比
有效	非常有信心	714	54.0
	比较有信心	479	36.3
	信心一般	110	8.3
	不太有信心	15	1.1
	完全没信心	3	.2
	总计	1321	100.0

由表 4—8 可见，当问及"从现在到未来四年内，您对综合国力稳步提高的信心程度如何"时，有 54% 的大学生表示"非常有信心"，有 36.3% 的大学生表示"比较有信心"，两者之和为 90.3%；而"信心一般"、"不太有信心"和"完全没信心"的大学生仅占被调查学生总数的 9.6%，可见，受访者大学生对未来国家综合国力稳步提高提升持乐观态度。这在另一个方面表明了他们对党和国家执政能力的高度认同。

本章小结

从调研可见，大学生对新时代治国理政的成效给予了充分肯定，特别是对国家经济的发展、综合国力的提升、反腐倡廉建设、两岸政策以及对外关系政策等方面表现出了高度认同，对党和国家带领中国人民继续开创中国特色社会主义道路，继续引领社会向前发展也充满了期待。当然，对于改革发展中出现的一些难题，比如党和政府能否有效解决收入分配问题、教育公平问题等，当代大学生也表现出了一定的担忧。尽管如此，他们仍然对中国的未来持乐观态度，这种乐观不仅是大学生信心指数的表征，同时也表明，大学生对党和政府有效解决改革发展中的难题是抱以极大期望的，这也从另一个侧面反映出，他们对中国共产党领导的高度认同。

第五章　大学生思想变化轨迹分析

大学期间是青年大学生思想变化最剧烈的时期。在这一时期，首先，青少年学生经过十几年的寒窗苦读，完成了由高中生到大学生的华丽转身，他们的成人身份得到了法律上的认同，他们的心理、生理经过躁动的青春期渐趋成熟，价值观也臻于定型。其次，大学生的青年性特征，求知欲、自觉学习能力增强，视野更开阔。再次，经过老师的指导、自己的刻苦学习，大学生的世界观、人生观、价值观都有了很大的变化。考察大学期间大学生的思想变化，把握其思想变化的轨迹，对我们正确地认识大学生、指导大学生和培养合格的社会主义事业的建设者和接班人具有重大的现实意义。

第一节　政治认同变化轨迹

大学生作为我国最重要的青年群体，对政治的敏感性较其他群体要强。坚持正确的政治导向，在以马克思主义为主流意识形态的我国，有利于我们将青年培养成为坚定的马克思主义者。

爱国主义是中华民族的优良传统，是社会主义核心价值观的重要内容，考察青年大学生对国家认同状况，有助于大学生发挥建设国家的主动性积极性。我们选取大学生对杭州举办 G20 的看法、对两会提案关注领域、少数民族青年的国家认同等方面加以比较。

(一) 对杭州举办 G20 的看法

G20 是一个国际经济合作论坛，于 1999 年 12 月 16 日在德国柏林成立，属于布雷顿森林体系框架内非正式对话的一种机制，由原八国集团以及其余 12 个重要经济体组成。峰会旨在推动已工业化的发达国家和新兴市场国家之间就实质性问题进行开放及有建设性的讨论和研究，以寻求合作并促进国际金融稳定和经济的持续增长。2016 年 9 月 4—5 日在中国浙江杭州举办二十国集团领导人第十一次峰会，对我国作为新兴市场经济国家的发展具有重要影响。

表 5—1 对杭州举办 G20 的看法

分类	项目		非常自豪	比较自豪	没有关注	反感	总计
学历	大一	n	340	163	92	1	596
		%	57.00%	27.30%	15.40%	0.20%	100.00%
	大二	n	179	105	79	2	365
		%	49.00%	28.80%	21.60%	0.50%	100.00%
	大三	n	187	83	50	1	321
		%	58.30%	25.90%	15.60%	0.30%	100.00%
	大四	n	16	5	1	1	23
		%	69.60%	21.70%	4.30%	4.30%	100.00%
	硕士	n	1	0	1	0	2
		%	50.00%	0.00%	50.00%	0.00%	100.00%
总计		n	723	356	223	5	1307
		%	55.30%	27.20%	17.10%	0.40%	100.00%

表 5—1 中数据表明，大一学生群体对杭州举办 G20 峰会的看法，在非常自豪、比较自豪、没有关注和反感方面的总数及百分比分别是 340、

57.0%、163、27.3%、92、15.4%、1、0.2%；大三学生群体对杭州举办G20峰会的看法，在非常自豪、比较自豪、没有关注和反感方面的总数及百分比分别是187、58.3%、83、25.9%、50、15.6%、1、0.3%；在1307个样本中，整个大学生群体对杭州举办G20峰会的看法，在非常自豪、比较自豪、没有关注和反感方面的总数及百分比分别是723、55.3%、356、27.2%、223、17.1%、5、0.4%。数据体现了大学生对中国举办G20峰会的认同度，无论从大学生大一群体、大三群体还是整个大学生群体正向选择都很高，分别为91%和85%，显示出对上述相关问题的高度认同。

(二)"两会"提案关注情况

"两会"是指我国每年都要召开的全国人民代表大会和中国人民政治协商会议，是国家政治生活的重要会议，是国家治国理政的重要载体。在"两会"上，代表和委员们提出关乎国家经济、政治、文化、社会、生态等提案，供参会者讨论通过。大学生关注这些问题，表明他们关心国家大事，表明他们对国家事务的关注，其中对于显性的亟待解决的问题，他们的关注度也相应比较高。

关于表5—2[①]中两会提案的内容，在教育、医疗等民生问题、国家安全问题、反腐败问题等方面，关注该问题的大三学生的数目和百分比分别是335、55.9%、41、6.8%、39、6.5%。关注该问题的大一学生的数目和百分比分别是182、56.9%、17、5.3%、20、6.3%；关注该问题的从大一到大四的学生的数目和百分比分别是702、53.5%、93、7.1%、85、6.5%。这表明，中国大学生关注的最主要的领域是教育、医疗、分配、社会保障等方面的民生问题，显示出中国加强社会建设的重要性，为我们制定社会治理方案提供了实证依据。尽管国家安全问题、反腐败问题也是我国政治生活中要高度关注的问题，但是学生对该问题的关注度，没有对民生问题的关注度高。

---

① 该表中的经济、就业部分因在大学生对经济认同和其他方面认同里有表述，在此没有显现。

表 5—2 对两会提案关注方面

分类	项目		关于教育、医疗等民生问题的	关于国家安全的	关于反腐败问题的
学历	大一	n	335	41	39
		%	55.90%	6.80%	6.50%
	大二	n	174	33	25
		%	47.30%	9.00%	6.80%
	大三	n	182	17	20
		%	56.90%	5.30%	6.30%
	大四	n	11	1	1
		%	47.80%	4.30%	4.30%
总计		n	702	93	85
		%	53.50%	7.10%	6.50%

（三）大学生到基层和边疆工作方面的变化轨迹比较

在我国基层和边疆都是工作环境较为艰苦的地方，而且这些地方工作量大，事务繁多，大学生晋升机会相对也比较少。但是，这些地方是祖国最需要大学生去支持，大学生到这些地方工作，体现了他们对祖国的担当。

表 5—3 显示，在 602 个样本中，大一阶段的大学生对毕业后是否愿意到基层或边疆工作中的非常愿意、愿意、不确定、不愿意、非常不愿意 5 个选项的人数和百分比分别是 51、8.5%，125、20.8%，245、40.7%，152、25.2%，29、4.8%。在 326 个样本中，大三阶段大学生的相关数据分别是 28、8.6%，85、26.1%，125、38.3%，72、22.1%，16、4.9%。在 1326 个样本中，从大一到大四阶段大学生的相关数据分别是 103、7.8%，277、20.9%，550、41.5%，325、24.5%，71、5.4%。数据表明，大一学生愿意到基层和边疆工作的比率为 29.3%，大三学生的为 34.7%，而整个

受调研对象的相关比率为 28.7%，显然大三学生的相关意愿要高于大一。大一学生不愿意到基层和边疆工作的比率为 30.0%，大三学生的为 27.0%，而整个受调研对象的相关比率为 29.6%，无疑大三学生不愿意到基层和边疆工作的比率要低 3 个百分点，显示大三学生的思想境界相对要高于大一学生。从趋势分析的视角看，大学生对国家的认同具有随着年级段的升高而逐渐增强的趋势。早在 2014 年五四青年节前夕，习近平总书记在给河北保定学院西部支教毕业生群体代表回信中表示，"你们响应国家号召，怀着执着的理想，奔赴条件艰苦的西部和边疆地区，扎根基层教书育人，十几年如一日，写下了充满激情和奋斗的人生历程。你们的坚守、你们的事迹，令人感动。"① 当代大学生要响应习近平总书记的号召，更加积极主动地到艰苦困难地区锻炼成长，为推动这些地区的改革发展做出自己的贡献。

表 5—3　毕业后是否愿意到基层或边疆工作

分类		项目	非常愿意	愿意	不确定	不愿意	非常不愿意
学历	大一	n	51	125	245	152	29
		%	8.50%	20.80%	40.70%	25.20%	4.80%
	大二	n	24	63	171	91	23
		%	6.50%	16.90%	46.00%	24.50%	6.20%
	大三	n	28	85	125	72	16
		%	8.60%	26.10%	38.30%	22.10%	4.90%
	大四	n	0	4	9	8	3
		%	0.00%	16.70%	37.50%	33.30%	12.50%

---

① 《习近平给河北保定学院西部支教毕业生群体代表的回信引发强烈反响》，新华网，2014 年 5 月 4 日。http://www.xinhuanet.com/politics/2014－05/04/c_1110527660.htm。

（续表）

分类\项目		非常愿意	愿意	不确定	不愿意	非常不愿意
总计	n	103	277	550	325	71
	%	7.80%	20.90%	41.50%	24.50%	5.40%

第二节 经济认同变化轨迹

马克思主义认为，经济是基础，经济基础决定上层建筑，因此，经济建设是中国特色社会主义建设事业的重要组成部分。大学生关注经济问题与否，反映了大学生对国家建设重大问题的认知。

一、两会提案中的经济问题认同

（一）关于国家经济发展的认知情况

在599个样本中，大一阶段的大学生对国家经济发展的关注度选项的人数和百分比是66、11.0%。在368个样本中，大二阶段的大学生对国家经济发展的关注度选项的人数和百分比是55、14.9%。在320个样本中，大三阶段的大学生对国家经济发展的关注度选项的人数和百分比是39、12.2%。在23个样本中，大四阶段的大学生对国家经济发展的关注度选项的人数和百分比是3、13%。在1312个样本中，整个大学阶段内的大学生对国家经济发展的关注度选项的人数和百分比是164、12.5%。

数据表明，大学生对"两会"提案中关于经济方面的关注度较高，占12%以上，居所有选项的第三位[1]，对这些调查数据进行分析，我们认为，

---

[1] 第一位为民生问题，整个大学生的关注比率为53.5%。

它一方面说明当代大学生关心国家的发展，关心改革开放的进程，毕竟一个国家发展的状况经济方面是重要体现，每年的"两会"都是对国家发展状况的检验，也是对经济发展的检验。另一方面，"两会"也是从国家的层面对新的一年各项事业特别是经济建设事业的新布局，从这里可以看到国家发展的未来，从这里也可以感受到祖国的日新月异，从而增强继续努力奋斗的信心。从这些调查数据中可以得出一个结论，大一、大二、大三、大四各年级段大学生对该问题的关注度基本呈渐进增强的状态，这说明大学生从入校到毕业，他们的知识日渐丰富，见识日益提高，心智日益成熟，视野日益开阔，判断能力不断提升。

（二）关于大学生就业创业的认知情况

就业乃民生之本。在我国，每年寻求就业的大军中，大学生占据了绝对的数量比例。每年近千万的大学生就业群体，是社会面临的重大问题。同时，大学生就业状况也反映了经济建设的发展水平，大学生的创业状况反映了经济的活跃度。因此，大学生就业创业状况也在一定程度上显示出大学生参与经济活动的程度。

如表5—4所示，在599个样本中，大一阶段的大学生对国家经济发展的关注度选项的人数和百分比是110、18.4%。在368个样本中，大二阶段的大学生对国家经济发展的关注度选项的人数和百分比是72、19.6%。在320个样本中，大三阶段的大学生对国家经济发展的关注度选项的人数和百分比是58、18.1%。在23个样本中，大四阶段的大学生对国家经济发展的关注度选项的人数和百分比是7、30.4%。在1312个样本中，整个大学阶段内的大学生对国家经济发展的关注度选项的人数和百分比是247、18.8%。

数据表明，大学生对"两会"提案中关于就业创业方面的关注度较高，占18%以上，居所有选项的第二位，大一、大三的学生对该方面关注度差异不大，大四学生由于面临就业，对此关注度达30%以上。

表 5—4　大学生对国家经济发展的关注度·就业创业

项目 分类	大一	大二	大三	大四	整个大学阶段
总人数	599	368	320	23	1312
关注人数	110	72	58	7	247
关注率（%）	18.4	19.6	18.1	30.4	18.8

二、微信公众号中经济问题认同

财经类问题属于经济范畴，大学生对其关注程度反映了他们对经济问题的重视程度。在自媒体时代，微信成为青年大学生获取信息不可或缺的重要载体，微信中的公众号，成为大学生关注相关问题的重要载体，因此，我们可以通过大学生关注微信公众号中的经济类问题，来考察大学生对经济问题的认同度。

如表 5—5 所示，在关注最多的微信公众号问题的问卷中，包含了时政类、社会问题类、财经类、体育类、军事类等选项，关注财经类问题的大一、大二、大三、大四和整个大学阶段的学生总数与占比分别为 15、2.5%，22、6.1%，32、10.1%，0、0%，69、5.3%。数据表明，尽管在时政类中大有学生关注经济问题，但大学生对财经类问题的关注度还是较低，居倒数第二位。[①] 从大一到大三阶段，大学生对该问题的关注度逐步上升，但大四阶段的相关数字为 0。我们分析，出现这种数据的原因是，在大四阶段，学业、论文、实验、实习等占据了非常多的时间，大四这个大学生群体可以通过"两会"这样的渠道了解国家经济发展的现状，但他们或许没有时间、也没有精力通过微信公众号的途径再对经济方面的问题进行特别的关注。

---

① 在该问卷中，社会问题类、时政类、体育类、财经类、军事类的被选率在整个大学阶段依次占一、二、三、四、五位。

表 5—5　关注最多的微信公众号·经济问题类

项目 分类	大一	大二	大三	大四	整个大学阶段
关注人数	15	22	32	0	69
关注率%	2.5	6.1	10.1	0	5.3

综合看来，大学生对经济问题的关注度不是很高。

第三节　文化认同变化轨迹

文化是民族的血脉，是人民的精神家园。大学生认同先进文化不仅对党和国家事业发展，而且对个人的发展具有重要价值。

一、人生价值观

（一）人生价值评判标准

人生价值评判标准是衡量大学生人生观的主要指标，反映了大学生的思想道德水准。为此，我们以拥有财富的多少、拥有权力的大小、文化素质的高低、对国家社会贡献的大小、社会声望的高低 5 个选项作为衡量大学生人生价值评判标准选项。

如表 5—6 所示，在 601 个样本中，大一阶段的大学生对拥有财富的多少、拥有权力的大小、文化素质的高低、对国家社会贡献的大小、社会声望的高低的人数和百分比是 47、7.8%，14、2.3%，236、39.3%，264、43.9%，40、6.7%。在 371 个样本中，大二阶段的大学生对拥有财富的多少、拥有权力的大小、文化素质的高低、对国家社会贡献的大小、社会声望的高低的人数和百分比是 57、15.4%，13、3.5%，151、40.7%，127、34.2%，23、6.2%。在 326 个样本中，大三阶段的大学生对拥有财富的多少、拥有权力的大小、文化素质的高低、对国家社会贡献的大小、社会声望的高低选项的人数和百分比分别是 28、8.6%，7、2.1%，155、47.5%，110、33.7%，26、8.0%。在 24 个样本中，大四阶段的大学生对拥有财富的多少、拥有权力的大小、文化素质的高低、对国家社会贡献的大小、社会声望的高低选项的人数和百分比分别是 3、12.5%，0、0.0%，8、33.3%，13、54.2%，0、0.0%。在 1324 个样本中，整个大学阶段内的大学生拥有财富的多少、拥有权力的大小、文化素质的高低、对国家社会贡献的大小、社会声望的高低选项的人数和百分比是 135、10.2%，34、2.6%，552、41.7%，514、38.8%，89、6.7%。

表 5—6 人生价值评判标准

分类	项目		拥有财富的多少	拥有权力的大小	文化素质的高低	对国家社会贡献的大小	社会声望的高低	总计
学历	大一	n	47	14	236	264	40	601
		%	7.80%	2.30%	39.30%	43.90%	6.70%	100%
	大二	n	57	13	151	127	23	371
		%	15.40%	3.50%	40.70%	34.20%	6.20%	100%
	大三	n	28	7	155	110	26	326
		%	8.60%	2.10%	47.50%	33.70%	8.00%	100%
	大四	n	3	0	8	13	0	24
		%	12.50%	0.00%	33.30%	54.20%	0.00%	100%
总计		n	135	34	552	514	89	1324
		%	10.20%	2.60%	41.70%	38.80%	6.70%	100%

数据表明，按年级的时序，大学生对拥有财富的多少的选择比率呈上升状态，但幅度不大，以基本数 10.2% 作比，幅度平均在 2% 的差值。在拥有权力的大小的选择方面，中位数为 2.6%，最大值是大三学生所选的比率为 3.5%，最小值为大四的 0%，可见学生对权力并不看重。在文化素质高低的选择方面，学生选择它的比率基本呈上升态势，在所有选项中比

率占第一位，中位数为41.7%，可见学生对文化素质的重视程度之高。在对国家社会贡献的大小选择方面，比率从大一到大三呈递减趋势，但到大四则达到最高值54.2%，中位数为38.8%，居所有选择的第二位，反映学生具有饱满的家国情怀。在社会声望的高低的选择方面，比率一般在7%左右，表明学生对社会声望也不是很看重。

（二）人生目的

人活着的目的是什么反映一个人的修为，究竟人生的目的是为国家、他人、自己还是其他方面，彰显了一个人的做人格局，更反映了一个人的价值观。

表5—7显示了当代大学生看待人生的状况。从大一到大四和整个本科段，大学生在人生的第一要义的选择方面，以为国家、自己、家人、朋友、外国为序列，其人数和比率分别为89、14.8%，350、58.2%，156、26.0%，5、0.8%，1、0.2%；48、12.9%，188、50.5%，126、33.9%，7、1.9%，3、0.8%；72、22.3%，168、52.0%，82、25.4%，1、0.3%，0、0.0%；7、29.2%，7、29.2%，9、37.5%，0、0.0%，1、4.2%；216、16.3%，714、54.0%，373、28.2%，14、1.1%，5、0.4%。

数据表明，大学生选择为自己的比率居其他选项之首，中位数为54.0%，比率随年级的升高呈递减趋势，反映了大学生的为己思想相对来说还是比较严重的；为家人的选择比率居第二位，中位数为28.2%，其比率变化没有规律可循，但大四学生的比率较高，为37.5%，反映学生较为看重自己的家人；为国家的选择比率居第三位，与各年级呈正相关关系，整体大学生选择的比率为16.3%；为朋友的选择比率居第四位，整体大学生选择的比率为1.1%；为外国的选择比率居末位，整体大学生选择的比率为0.4%。整个数据反映了大学生的人生目的的轨迹，其顺序为自己、家人、国家、朋友等。

表 5—7 人生第一要义

			国家	自己	家人	朋友	外国	总计
学历	大一	n	89	350	156	5	1	601
		%	14.80%	58.20%	26.00%	0.80%	0.20%	100.00%
	大二	n	48	188	126	7	3	372
		%	12.90%	50.50%	33.90%	1.90%	0.80%	100.00%
	大三	n	72	168	82	1	0	323
		%	22.30%	52.00%	25.40%	0.30%	0.00%	100.00%
	大四	n	7	7	9	0	1	24
		%	29.20%	29.20%	37.50%	0.00%	4.20%	100.00%
总计		n	216	714	373	14	5	1322
		%	16.30%	54.00%	28.20%	1.10%	0.40%	100.00%

二、对集体事务的关心程度

我国是社会主义国家，集体主义是社会主义的本质要求。集体与个人的关系并不矛盾，个人的健康成长离不开集体，个人利益也需要集体利益的依托。无论过去、现在还是未来，集体主义精神永远不会过时。习近平总书记始终强调要发扬集体主义精神：2013 年 12 月 30 日，习近平总书记在中共中央政治局第十二次集体学习时发表重要讲话，他提出要加强爱国主义、集体主义、社会主义教育[1]；在全国脱贫攻坚总结表彰大会上阐述脱贫攻坚精神的时候，明确指出这种精神既是中国共产党性质宗旨、中国人民意志品质、中华民族精神的生动写照，也是爱国主义、集体主义、社

---

[1] 《习近平在中共中央政治局第十二次集体学习时强调建设社会主义文化强国着力提高国家文化软实力》，载《经济日报》2014 年 1 月 1 日第 1 版。

会主义思想的集中体现。① 青年大学生具有集体主义精神,是否关心集体事务,其关心程度如何,体现了大学生中国特色社会主义文化素养的高低。

表 5—8 中数据显示,大一学生对集体事务选择"非常关心、比较关心、不太关心、完全不关心"的人数和比率分别是 115、18.9%,376、61.7%,106、17.4%,12、2.0%。大二学生对应的数据分别是 81、21.8%,209、56.2%,75、20.2%,7、1.9%。大三学生对应的数据分别是 72、22.0%,201、61.5%,46、14.1%,8、2.4%。大四学生对应的数据分别是 6、25.0%,13、54.2%,3、12.5%,2、8.3%。全体学生对应的数据分别是 274、20.5%,801、60.0%,230、17.2%,29、2.2%。

表 5—8 对集体事务的关心程度

分类		项目	非常关心	比较关心	不太关心	完全不关心	总计
学历	大一	n	115	376	106	12	609
		%	18.90%	61.70%	17.40%	2.00%	100.00%
	大二	n	81	209	75	7	372
		%	21.80%	56.20%	20.20%	1.90%	100.00%
	大三	n	72	201	46	8	327
		%	22.00%	61.50%	14.10%	2.40%	100.00%
	大四	n	6	13	3	2	24
		%	25.00%	54.20%	12.50%	8.30%	100.00%
总计		n	274	801	230	29	1334
		%	20.50%	60.00%	17.20%	2.20%	100.00%

---

① 全国脱贫攻坚总结表彰大会在京隆重举行,人民网,2021 年 2 月 26 日。http://jl.people.com.cn/n2/2021/0226/c349771-34595401.html。

数据表明，全体学生关心集体事务，比率占 80.5%，不太关心和完全不关心的占 19.4%；对集体事务非常关心的比率呈现随年级增长而上升的规律。

三、参与文化活动的途径

（1）在当今世界科学技术迅猛发展，人类的社会生活从没有像今天这样深受科技的影响。大国竞争在一定程度上是科技的竞争，科技竞争的背后是人才的竞争，在世界百年未有之大变局的时代，青年一代一定要响应党和国家的号召，争做创新的先锋。习近平总书记在多次讲话中都对青年寄予厚望，他说："要敢于做先锋，而不做过客、当看客，让创新成为青春远航的动力，让创业成为青春搏击的能量，让青春年华在为国家、为人民的奉献中焕发出绚丽光彩。"[1] 创新是民族进步的灵魂，是一个国家兴旺发达的不竭动力，也是中华民族最深沉的民族禀赋，正所谓"苟日新，日日新，又日新"。青年人是社会上最富活力、最具创造性的群体，理应走在创新创造前列，做锐意进取、开拓创新的时代先锋。[2] 在我国施行"双创"战略的背景下，青年大学生对待创新的态度，参与学术创新的状况，对民族、国家和个人都有重要意义。

表 5—9 中数据显示，大一学生对创新活动选择"经常、偶尔、几乎不、完全不"的人数和比率分别是 57、9.5%，255、42.3%，225、37.3%，66、10.9%。大二学生对应的数据分别是 50、13.7%，188、51.5%，106、29.0%，21、5.8%。大三学生对应的数据分别是 39、12.0%，180、55.4%，87、26.8%，19、5.8%。大四学生对应的数据分别是 2、9.1%，104、5.5%，7、31.8%，3、13.6%。整个大学阶段内的学生对应的数据分别是 148、11.2%，634、48.1%，426、32.3%，

---

[1] 《习近平在知识分子、劳动模范、青年代表座谈会上讲话》，载《人民日报》2016 年 4 月 30 日 02 版。中国共产党新闻网，2016 年 4 月 26 日。
[2] 习近平同各界优秀青年代表座谈时的讲话，中国共产党新闻网，2013 年 5 月 5 日，http://cpc.people.com.cn/n/2013/0505/c64094-21367227.html。

109、8.3%。

数据表明,整个大学阶段内的学生选择"经常、偶尔、几乎不、完全不"的比率分别为 11.2%、48.1%、32.3%、8.3%,多数学生是偶尔参加学术创新,常态化参与的达一成,不参与创新活动的达 40%。大二、大三学生的创新活动多于大一、大四,达到 13.7% 和 12.0%。选择几乎不和完全不的学生比率,大一的(37.3%、10.9%)要高于大三的(26.8%、5.8%)。由此看来,大学生学术创新需要进行常态化引导。

表 5—9 学术创新活动

分类	项目		学术创新活动				总计
			经常	偶尔	几乎不	完全不	
学历	大一	n	57	255	225	66	603
		%	9.50%	42.30%	37.30%	10.90%	100.00%
	大二	n	50	188	106	21	365
		%	13.70%	51.50%	29.00%	5.80%	100.00%
	大三	n	39	180	87	19	325
		%	12.00%	55.40%	26.80%	5.80%	100.00%
	大四	计数	2	10	7	3	22
		%	9.10%	45.50%	31.80%	13.60%	100.00%
总计		n	148	634	426	109	1317
		%	11.20%	48.10%	32.30%	8.30%	100.00%

(二)看书学习

习近平总书记对于读书、学习有过很多重要阐述,他本人也是勤读书、善学习的光辉榜样。习近平总书记曾这样鼓励青年人读书学习:"'人才有高下,知物由学。'梦想从学习开始,事业靠本领成就。广大青年要自觉加强学习,不断增强本领。广大青年要如饥似渴、孜孜不倦学习,既多读有字之书，也多读无字之书，注重学习人生经验和社会知识。"[1] 书籍是人类进步的阶梯，能否进行常态化的看书学习，是衡量一个人文化素养的重要标志。

表5—10中数据显示，大一学生对看书学习选择经常、偶尔、几乎不、完全不的人数和比率分别是428、71.0%，161、26.7%，10、1.7%，4、0.7%。大二学生对应的数据分别是214、58.0%，139、37.7%，15、4.1%，1、0.3%。大三学生对应的数据分别是227、69.6%，92、28.2%，

表5—10 看书学习

分类\项目			经常	偶尔	几乎不	完全不	总计
学历	大一	n	428	161	10	4	603
		%	71.00%	26.70%	1.70%	0.70%	100.00%
	大二	n	214	139	15	1	369
		%	58.00%	37.70%	4.10%	0.30%	100.00%
	大三	n	227	92	4	3	326
		%	69.60%	28.20%	1.20%	0.90%	100.00%
	大四	n	18	3	0	1	22
		%	81.80%	13.60%	0.00%	4.50%	100.00%
总计		n	888	395	30	9	1322
		%	67.20%	29.90%	2.30%	0.70%	100.00%

4、1.2%，3、0.9%。大四学生对应的数据分别是18、81.8%，3、13.6%，0、0.0%，1、4.5%。整个大学阶段内的学生对应的数据分别是888、67.2%，395、29.9%，30、2.3%，9、0.7%。

数据表明，整个大学阶段内的学生选择经常、偶尔、几乎不、完全不

---

[1] 《习近平在知识分子、劳动模范、青年代表座谈会上讲话》，载《人民日报》2016年4月30日02版。

的比率分别为 67.2%、29.9%、2.3%、0.7%，67.2%的学生是经常看书学习，不看书学习的只有 3%。选择经常看书学习的学生的轨迹，大一和大四的比率高于大二、大三。

（三）了解时政信息的路径

大学生作为接受新鲜事物最活跃的群体，对时事政治较为关心。对学生了解时政信息的路径的把握，有利于掌握学生接受文化信息的方式。

表 5—11 中数据显示，大一学生选择人民网、新华网、中央电视台等国家主流非纸质媒体；《纽约时报》《联合早报》等外媒；搜狐、新浪、网易等商业媒体；党报党刊等国家主流纸质媒体；微信公众号、微博等新兴媒体的人数和比率分别是 214、35.2%，13、2.1%，17、28.1% 19、1.5%，201、33.1%。大二学生对应的数据分别是 129、34.7%，15、4.0%，

表 5—11　通过什么了解时政信息

分类	项目		人民网、新华网、中央电视台等国家主流非纸质媒体	《纽约时报》《联合早报》等外媒	搜狐、新浪、网易等商业媒体	党报党刊等国家主流纸质媒体	公众号微信、微博等新兴媒体	总计
学历	大一	n	214	13	171	9	201	608
		%	35.20%	2.10%	28.10%	1.50%	33.10%	100.00%
	大二	n	129	15	116	7	105	372
		%	34.70%	4.00%	31.20%	1.90%	28.20%	100.00%
	大三	n	135	3	95	3	87	323
		%	41.80%	0.90%	29.40%	0.90%	26.90%	100.00%
	大四	n	10	0	4	0	10	24
		%	41.70%	0.00%	16.70%	0.00%	41.70%	100.00%
总计		n	489	31	387	19	403	1329
		%	36.80%	2.30%	29.10%	1.40%	30.30%	100.00%

116、31.2%，7、1.9%，05、28.2%。大三学生对应的数据分别是135、41.8%，3、0.9%，95、29.4%，3、0.9%，87、26.9%。大四学生对应的数据分别是10、41.7%，0、0.0%，4、16.7%，0、0.0%，10、41.7%。整个大学阶段内的对应的数据分别是489、36.8%，31、2.3%，387、29.1%，19、1.4%，403、30.3%。

数据表明，整体上看学生选择主流非纸质媒体的比率为36.8%，居第一位，表明学生对主流媒体的认同，它有利于学生接受正确的价值观；整个大学阶段内的学生选择微信公众号、微博等新兴媒体的比率为30.3%，居第二位，表明新媒体受大学生的青睐。整个大学阶段内的学生选择搜狐、新浪、网易等商业媒体的比率为29.1%，居第三位，表明学生对网络商业媒体的认同度较高，但有些商业媒体的思想是非主流的，要引起重视。整个大学阶段内的学生选择外媒和国内主流纸质媒体的比率分别为2.3%和1.4%，占比较低，表明学生对纸质媒体的选择性较低。从大一到大四，各群体选择国家主流非纸质媒体的比率有逐步递增的规律，其他的选项无此规律。

本章小结

总体看来，大学生的思想轨迹变迁是随着年级增长逐步向好的。随着年级的增长，大学生对党和国家的方针政策，对党和国家所实施的改革开放的重要举措等，都保持了较高的认同度；对中国经济发展所涉及的很多问题高度关注，理解不断加深；对我们党倡导的社会主义先进文化保持了较高的认同度，总体上令人满意。它从一个侧面也说明，高校开设的思想政治理论课，高校各个部门推进的思想政治教育工作，都取得了显著的成绩。

第六章　不同专业大学生相关领域的认同比较

分析不同专业大学生思想状况和政治认同差异，有助于我们更加具体地了解大学生政治思想状况，有助于增强大学生思想政治教育的针对性和实效性。提取本书问卷调查的不同专业交叉数据并加以对比，发现数据比较明显地反映出相关差异性。

本问卷调查虽然限于样本数量，难以十分全面地反映所有专业的学生政治思想状况的特点，但以人文社科、理工科、艺术体育及其他三类大学生为对象，大部分数据还是能够充分说明问题的。本次问卷总样本为1293，其中人文社科类大学生574人，理工类288人，农林类27人，医科4人，艺术体育类58人，其他142人。因样本量关系，医科专业学生和其他两类不具备比较研究条件。所以本分析报告主要对人文社科类、理工类和农林类大学生群体政治思想的相关数据加以比较研究，部分内容结合艺术体育类专业学生的数据，希望能够更好地说明问题。

第一节　社会价值认同度比较

调查数据显示：大学生对社会价值的认同度总体上看都是积极向上的，但不同专业的学生却又表现出一定的差异性。人文社科类专业的大学生所做的选项其正态性方面要更突出一些。

一、人生价值认同度比较

对人生价值和人生目的的看法，反映了大学生的基本政治态度。在人生价值标准相关选项中，人文社科类学生相比之下选项的比率要更高一点。统计数据表明：在与世界观、人生观、价值观相关问题的选择中，选择正向内容的人文社科类学生比例相对要高，而理工类和农林类专业学生的正向选择率相对要低一些。

在"人生价值标准"的选项中，41.8%的人文社科类大学生选择"对国家社会贡献的大小"作为自己的价值标准，理工科学生为38.9%，农林类学生仅为14.8%。此选项的平均值为39.9%，理工类学生低于平均数1个百分点；而农林类学生低于艺术体育类学生的11.1个百分点。

而此题选择"拥有财富的多少"这一问题的结果，则呈现出相反的专业差异：人文社科类大学生为8.6%，理工科学生为11.2%，艺术体育类学生为15.5%，农林类学生为18.5%。

对人生目的的选择表现出同样的特点。在对"你觉得人生的第一要义是为谁活着"这一问题的回答中，选择为国家而活的人文社科类大学生为17.7%，理工科学生为15.8%，农林类学生为14.8%。值得注意的是，有两名理工科学生和一名农林科学生选择了"外国"，说明个别学生的政治态度和基本政治理念存在较严重的问题，如果作出这个选择不是某种玩笑或调侃的话（详见表6—1）。

表6—1　人生第一要义

分类		项目	人生第一要义				
			国家	自己	家人	朋友	外国
专业	人文社科类	计数	101	343	126	0	0
		百分比在专业内	17.7%	60.2%	22.1%	0.0%	0.0%
	理工类	计数	76	214	181	8	2
		百分比在专业内	15.8%	44.5%	37.6%	1.7%	0.4%
	医学类	计数	2	2	0	0	0
		百分比在专业内	50.0%	50.0%	0.0%	0.0%	0.0%
	农林类	计数	4	14	8	0	1
		百分比在专业内	14.8%	51.9%	29.6%	0.0%	3.7%
	艺术体育	计数	4	35	13	4	2
		百分比在专业内	6.9%	60.3%	22.4%	6.9%	3.4%
	其他	计数	20	76	41	2	0
		百分比在专业内	14.4%	54.7%	29.5%	1.4%	0.0%
总计		计数	207	684	369	14	5
		百分比在专业内	16.2%	53.5%	28.9%	1.1%	0.4%

二、国家荣誉感认同度比较

相同的态度差异也表现在对国家荣誉的感受上，人文社科类学生有更强的国家自豪感。对杭州G20峰会，感到"自豪"和"非常自豪"的人文社科类学生占比分别为27.5%和58.5%；理工类学生分别占25.9%和53.5%，农林类19.2%和46.2%（见表6—2）。

表 6—2　对杭州举办 G20 的看法

分类		项目	对杭州举办 G20 的看法				总计
			非常自豪	比较自豪	没有关注	反感	
专业	人文社科类	计数	330	155	78	1	564
		百分比在专业内	58.5%	27.5%	13.8%	0.2%	100.0%
	理工类	计数	254	123	97	1	475
		百分比在专业内	53.5%	25.9%	20.4%	0.2%	100.0%
	医学类	计数	0	4	0	0	4
		百分比在专业内	0.0%	100.0%	0.0%	0.0%	100.0%
	农林类	计数	12	5	8	1	26
		百分比在专业内	46.2%	19.2%	30.8%	3.8%	100.0%
	艺术体育	计数	25	22	10	1	58
		百分比在专业内	43.1%	37.9%	17.2%	1.7%	100.0%
	其他	计数	70	43	23	1	137
		百分比在专业内	51.1%	31.4%	16.8%	0.7%	100.0%
总计		计数	691	352	216	5	1264
		百分比在专业内	54.7%	27.8%	17.1%	0.4%	100.0%

数据表明，人文社科类专业的学生在涉及国家自豪感方面的选项比例要更高一些，这或许和他们所学习的专业、关注的事务、开展的活动、讨论的内容有一定的关系。毕竟，人文社科类的学习更多的是和国际国内的形势、重大事件、社会现实、党和国家的方针政策有更多的关联。这会使该专业类的学生在老师的指导下，会对国际国内的政治、经济、文化、社会事务投去更多的目光，倾注更多的时间，也会有更大的兴趣在同学之间、同学与老师之间进行研讨，甚至他们的论文也会是这类的选题。这自然会促使大学生们在学习、研讨的过程当中，不断地加以思考，寻找更多的资料，从不同的学科视角，甚至从学理上对这些现实问题试图做出自己

的解读。面对中国发展的现实，相信每一位不带偏见的人都会得出正向的结论，都会油然而生对这个伟大的国家心生自豪，对带领这个伟大的国家奋勇前行的党从内心升腾出无限的信任和高度的评价。这也告诉我们，无论是什么专业的学生，我们的大学教育都应当加强对学生进行马克思主义基本原理的宣传和教育，都应当无差别地加强对学生进行形势政策教育。

第二节　革命文化认同度比较

以长征精神和延安精神为代表，调查问卷设计了对革命文化的认同度调查项。总体上看，不同专业学生对革命文化认同度差异上，人文社科类专业学生的正向选择比例依然稍占上风。

一、对长征精神的认同度比较

数据显示：对于"长征精神等革命文化精神应该继承发扬"，人文社科类学生选择"非常认同和比较认同"的为92.1%，超过九成，其中非常认同的为72.3%；相比较来看，理工类学生选择"非常认同和比较认同"的为91.8%，其中"非常认同"的为68.9%；农林类专业的学生选择"非常认同和比较认同"的比为78.9%（见表6—3）。

二、对延安精神的认同度比较

对延安精神的认同情况略低于对长征精神的认同度，但专业差别基本一致。对于"延安精神不过时"，人文社科类学生选择"非常认同和比较认同"的比例为90%，占九成，其中"非常认同"的为65.7%；相比较来看，理工类学生选择"非常认同和比较认同"比为87.6%，其中"非常认同"的为62.4%。从这些数据看，不同专业学生对革命文化认同度确实有差异，人文社科类专业学生的正向选择比例稍高一些。但是，农林类专业的学生选择"非常认同和比较认同"的达到92.6%，其中"非常认同"的达到 77.8%（见表 6—4）。显然，这几个数据所显示的认同度不同于前述内容，我们分析，这当中应该是有一些特殊的因素导致了这样的结果。例如，农林类专业并不是每一所大学都有开设，所调查的农林类学生人数只有二十几个人，或许这二十几个大学生比较集中的在所调查的一所学校学习，而该校或许开展了相关领域的革命传统教育，或是安排每一年级学生实习，使学生对延安精神有更多了解和感悟，因此该选项比例更高。这也恰恰说明，对大学生开展革命精神、革命传统教育的重要性和必要性。

表 6—3 长征精神等革命文化精神应该继承发扬

分类		项目	长征精神等革命文化精神应该继承发扬				
			非常认同	比较认同	一般认同	不太认同	非常不认同
专业	人文社科类	计数	413	113	40	3	2
		百分比在专业内	72.3%	19.8%	7.0%	0.5%	0.4%
	理工类	计数	328	109	28	10	1
		百分比在专业内	68.9%	22.9%	5.9%	2.1%	0.2%
	医学类	计数	2	1	1	0	0
		百分比在专业内	50.0%	25.0%	25.0%	0.0%	0.0%
	农林类	计数	20	4	2	0	1
		百分比在专业内	74.1%	14.8%	7.4%	0.0%	3.7%
	艺术体育	计数	39	10	7	0	1
		百分比在专业内	68.4%	17.5%	12.3%	0.0%	1.8%
	其他	计数	101	27	10	2	0
		百分比在专业内	72.1%	19.3%	7.1%	1.4%	0.0%
总计		计数	903	264	88	15	5
		百分比在专业内	70.8%	20.7%	6.9%	1.2%	0.4%

表 6—4 延安精神不过时

分类		项目	延安精神不过时				
			非常认同	比较认同	一般认同	不太认同	非常不认同
专业	人文社科类	计数	374	138	40	13	4
		百分比在专业内	65.7%	24.3%	7.0%	2.3%	0.7%
	理工类	计数	297	120	52	6	1
		百分比在专业内	62.4%	25.2%	10.9%	1.3%	0.2%
	医学类	计数	1	2	1	0	0
		百分比在专业内	25.0%	50.0%	25.0%	0.0%	0.0%
	农林类	计数	21	4	2	0	0
		百分比在专业内	77.8%	14.8%	7.4%	0.0%	0.0%
	艺术体育	计数	28	25	3	0	1
		百分比在专业内	49.1%	43.9%	5.3%	0.0%	1.8%
	其他	计数	92	34	11	1	0
		百分比在专业内	66.7%	24.6%	8.0%	0.7%	0.0%
总计		计数	813	323	109	20	6
		百分比在专业内	64.0%	25.4%	8.6%	1.6%	0.5%

第三节 不同专业大学生的政治面貌、就业压力的比较

在本次问卷调查的样本中,理工农林类专业学生党员的比例不低,接受过业余党校教育的学生比例更是明显偏高,超过三成的理工类专业和五成农林类专业的学生受访者接受了系统的党的理论知识的培训;相对于人文社科类专业的学生,更高比例的理工农林类专业的学生受访者经常参加业余党校学习。这说明理工农林类院校相当重视党员发展和业余党校的教育培训工作。与此同时,理工农林类专业的学生没有更大的就业压力。

一、不同专业大学生的政治面貌的比较

政治面貌,也称政治面目。一般来说,政治面貌就是一个人的政治身份,是其政治理念、政治立场、政治观点、政治倾向的最正式的代表,更体现在一个人在政党方面的归属。在当代中国,政治面貌通常是指:中国共产党党员,中国共产主义青年团团员、民革党员、民盟盟员、民建会员、民进会员、农工党党员、致公党党员、九三学社社员、台盟盟员共八个民主党派以及无党派人士、群众等。本次问卷受访者在不同专业内学生政治面貌结构存在较大差异。理工类专业学生党员占比最高达到11.3%,入党积极分子占21.5%,接受过党的理论培训的学生占到32.8%;农林类专业学生党员和入党积极分子占比高达到50%;艺术体育类专业的学生也有18.6%的受访者参加过业余党校学习。而人文社科类专业的受访者党员比例只有4.7%,入党积极分子比例为21.5%(见表6—5)。

表6—5 政治面貌

分类		项目	政治面貌				
			中共党员	入党积极分子	共青团员	民主党派	群众
专业	人文社科类	计数	27	123	408	0	13
		百分比在专业内	4.7%	21.5%	71.5%	0.0%	2.3%
	理工类	计数	54	103	304	2	16
		百分比在专业内	11.3%	21.5%	63.5%	0.4%	3.3%
	医学类	计数	0	1	0	1	2
		百分比在专业内	0.0%	25.0%	0.0%	25.0%	50.0%
	农林类	计数	1	12	13	0	0
		百分比在专业内	3.8%	46.2%	50.0%	0.0%	0.0%
	艺术体育	计数	1	13	39	0	5
		百分比在专业内	1.7%	22.4%	67.2%	0.0%	8.6%
	其他	计数	6	26	105	1	2
		百分比在专业内	4.3%	18.6%	75.0%	0.7%	1.4%
总计		计数	89	278	869	4	38
		百分比在专业内	7.0%	21.8%	68.0%	0.3%	3.0%

数据显示：五成农林类专业和超过三成的理工类专业的学生受访者接受了系统的党的理论知识的培训。而人文社科类专业受访者中，党员和入党积极分子所占比例相对较低。我们并没有针对这种情况开展进一步深入的调查，这需要今后进行更有针对性的调研工作来加以探究，特别是需要采取访谈的方式来深入了解产生这种情况的原因。在这里，我们先做一个基于数据的基本分析。我们认为，这样的数据或许和调查样本量有一定的关系，毕竟人文社科类专业受访者数量远远高于其他类专业的学生，其数量之比是569（人文社科类专业）：476（理工类专业）：27（农林类专

业)。而在大学学习阶段,所有院系的学生入党人数及比例都是有限制的,因此基数大,就会造成比例低的结果,相反亦然。另外,也不排除一些偶然的随机因素,毕竟问卷调查是一种随机抽样的调查方式,或许就在这样的调查时间段里,参与调查的学生的政治面貌呈现出了上述的情况。如果我们抛弃上述所说的特殊情况,那我们有理由感到欣慰,那就是,一般来说,人们似乎习惯性地认为,理工类的学生不关心政治的人要多于人文社科类的学生,积极要求入党的学生或已经入党的学生也会高于后者。而上述数据所显示的情况正好相反,这说明,中国的大学是党领导下的大学,不管是什么专业,学生们要上的思想政治理论课程都是一样的,使用的是相同的教材,学分基本也是一样的,因此可以一言以概之,高校的思想政治理论课、高校的思想政治教育工作是非常成功的,成绩是显而易见的。

二、不同专业大学生就业压力的比较

在就业压力相关问题上,理工类专业学生"对就业前景充满信心"的占24%,比较有信心占25.3%,有信心的35.1%。就是说,接近四分之一的理工类专业学生完全没有就业压力,对就业有信心的超过八成,不太有信心的13.6%,只有2.1%有很大就业压力。而人文社科类专业的学生非常有信心的为18%,比较有信心的为22.9%,有信心的37.3%,不太有信心的为18.2%,没有信心的3.7%(见表6—6)。从数据可见,人文社科类专业的学生对就业充满信心的比例只相当于理工类专业学生的75%,另有高达21.9%的人文社科类专业的学生对就业缺乏信心,是理工类学生的1.4倍。

理工类专业学生的就业形势相对较好,人文社科类专业学生承受更大的就业压力,这是一个必须引起高度重视并需要努力加以解决的问题。就业是最大的民生,是民生之本。一个大学生对毕业后就业没有信心,毕业后面临没有工作的可能,其本人就会处于危机感之中,人生似乎也就黯淡下来。每年有几百万的大学生毕业,如果他们的就业问题不能很好解决,社会就没有真正的稳定。解决文科大学生在就业问题上的焦虑,需要各行

表 6—6　我对就业前景充满信心

分类		项目	我对就业前景充满信心				
			非常认同	比较认同	一般认同	不太认同	非常不认同
专业	人文社科类	计数	103	131	214	104	21
		百分比在专业内	18.0%	22.9%	37.3%	18.2%	3.7%
	理工类	计数	115	121	168	65	10
		百分比在专业内	24.0%	25.3%	35.1%	13.6%	2.1%
	医学类	计数	0	3	0	1	0
		百分比在专业内	0.0%	75.0%	0.0%	25.0%	0.0%
	农林类	计数	4	6	11	4	2
		百分比在专业内	14.8%	22.2%	40.7%	14.8%	7.4%
	艺术体育	计数	7	12	21	13	4
		百分比在专业内	12.3%	21.1%	36.8%	22.8%	7.0%
	其他	计数	24	35	49	28	4
		百分比在专业内	17.1%	25.0%	35.0%	20.0%	2.9%
总计		计数	253	308	463	215	41
		百分比在专业内	19.8%	24.1%	36.2%	16.8%	3.2%

业各部门重视人文社会科学对社会发展、对本单位所具有的重要作用，在统筹推进"五位一体"总体布局和协调推进"四个全面"战略布局中，积极发挥人文社会科学的作用。事实上，这种作用也是人类社会发展的历史不断加以证明了的真理。正如习近平总书记2016年5月17日在哲学社会科学工作座谈会上的讲话中所指出的那样："哲学社会科学是人们认识世界、改造世界的重要工具，是推动历史发展和社会进步的重要力量，其发展水平反映了一个民族的思维能力、精神品格、文明素质，体现了一个国家的综合国力和国际竞争力。一个国家的发展水平，既取决于自然科学发

展水平，也取决于哲学社会科学发展水平。一个没有发达的自然科学的国家不可能走在世界前列，一个没有繁荣的哲学社会科学的国家也不可能走在世界前列。坚持和发展中国特色社会主义，需要不断在实践和理论上进行探索、用发展着的理论指导发展着的实践。在这个过程中，哲学社会科学具有不可替代的重要地位，哲学社会科学工作者具有不可替代的重要作用。"① 从另外一个角度来说，一个人或一个群体长期处于失业状态，并且不能很好地加以解决，这也会影响到他们的政治倾向以及对党和国家方针政策的认同度。

本章小结

在政治态度和政治认同上，所有专业的大多数大学生的倾向是积极的，对党和国家、对社会主义制度、对党的路线方针政策及重大战略是高度认同的。这一点不同专业的学生表现出较高的一致性。但同时，通过比较也发现了一些差别，背后可能反映出一些微妙的问题，需要我们做进一步的思考和分析。

除了入党意愿、延安精神方面的选项外，人文社科类专业学生的选项比例都稍高于理工农林类专业的学生。对此我们认为，不能因为人文社科类专业学生的选项比例高出几个百分点，就贸然做出理工农林类专业的学生在诸如社会贡献、人生价值、国家荣誉、革命精神等问题的认同上不积极或消极，这不仅是因为我们的调查样本数量是有限的，而且我们也不能因为学生在选项比例上有些微的差别而在性质上断然做出专业不同而立场不同的结论。例如，在"你觉得人生的第一要义是为谁活着"问题的回答中，选择为国家而活着的人文社科类、理工科类、农林类的大学生的选项比例分别为 17.7%、15.8%、14.8%，这样的差别很可能就是几个人的选项问题。更何况有些问题的选项，理工农林类的学生是高于人文社科类

---

① 习近平：在哲学社会科学工作座谈会上的讲话，新华网，2016 年 5 月 17 日。http://www.xinhuanet.com/politics/2016-05/18/c_1118891128.htm。

学生的，比如：在"延安精神不过时"的选项上，农林类学生选择"非常认同和比较认同"的比例为92.6%，高于人文社科类学生的90%。

从人文社科类、理工科类、农林类专业学生对上述问题的选项来看，正向选择率非常高，这表明，高校思想政治理论课主阵地发挥了决定性的作用，校园积极向上的主旋律文化氛围起到了潜移默化的影响，积极主动的思想政治工作显示出了其应有的作用。这尤其说明系统化的政治理论、近现代史课程、思想道德修养和法律基础等的教学对于大学生的政治观点有显著的积极影响。高校应当做好加强各类各学科各专业哲学社会科学，特别是思想政治理论课程的系统性的教学教育工作，因为这有助于提高大学生的政治认同度和社会责任感。

第七章 大学生社会实践状况分析

中国共产党历来重视大学生的社会实践工作。党的十九大报告指出：要以培养担当民族复兴大任的时代新人为着眼点，强化教育引导、实践养成、制度保障[①]。我国大学生社会实践活动已经有多年的历史，从最初的走向社会开展调研，到服务社会的青年志愿活动，再到后来融入社会的"三下乡"、"科技支农"等实践活动，大学生社会实践走出了一条独具特色的发展道路。大学生社会实践活动的兴起和发展，既是改革开放后经济社会迅速发展的需要，也是我国高等教育自身转型发展的需要。总体而言，大学生社会实践活动在高校、大学生和全社会的共同努力之下，进行了许多有益的探索，形成了比较丰富的成果。然而，我们也应清醒地看到，大学生的社会实践依然有许多地方亟待改进，也需要不断加以调整。

第一节 大学生社会实践的总体状况

一、社会实践时间状况

据调查，大学生社会实践时间大多在一周以上。对于大学生而言，社

[①] 《中国共产党第十九次全国代表大会文件汇编》，人民出版社2017年版，第34页。

会实践是一项非常重要的教育活动任务，一般都具有相应的时间要求。各高校在社会实践上往往要求实践时间不得少于一周，还有的学校尝试实行社会实践学分制，以保证实践的质量和效果。通过对大学生社会实践状况调查的统计分析，我们发现，42.2%的大学生社会实践时间达到5天，22.2%的学生社会实践时间达到10天，10.5%的学生社会实践时间达到15天，社会实践时间长达30天以上的25.2%（如表7—1所示）。

表7—1　参加实践的持续时间

分类	项目	频率	有效百分比
有效	五天左右	554	42.2
	十天左右	292	22.2
	十五天左右	138	10.5
	一个月左右	211	16.1
	三个月左右	39	3.0
	三个月以上	80	6.1
	总计	1314	100.0

大学生参加社会实践主要是在寒暑假。根据本次调查统计，在周末参加社会实践的比重为40.4%；利用寒暑假参加社会实践的比重为49.9%，占用学习时间参加社会实践的比重为3%，另外还有5.8%的学生在周末、寒暑假和学习时间之外参加社会实践。大学生参加社会实践大多数是利用课余时间，只有少数学生占用学习时间。

由此可见，绝大部分大学生都有参加社会实践的经历，他们能够正确对待大学阶段的社会实践，能够付出一定的时间，能够保质保量地完成社会实践任务。对于大学生而言，大学就是一座知识的大熔炉，里面不仅仅有藏书丰富的图书馆、多种多样的学生社团，还有一批具有扎实理论功底、关心关爱学生的老师们。然而，大学四年学习生活的缺陷是理论与现实的脱节。加强大学生社会实践，在很大程度上可弥补这一不足。通过各种各样的社会实践，可以使大学生在理论学习之余深入实际，体验生活、感受生活，从而加深了对社会现实的认识。同时，通过社会实践可以检验大学生所学的理论知识，也可以用所学理论知识指导社会实践，使得理论与实践有机结合起来。很多大学生都对社会实践的时间做过规划和设计，有不少学生还延长社会实践时间。根据调查数据发现，大学生比较重视社会实践，并认为参加社会实践是一次难得的锻炼机会。他们想亲自参加社会实践，亲身感受真实的社会。他们认为，在专注理论知识学习的同时，必须增加自己的实践经验和社会阅历，从而为他们自己今后的就业做出必要的准备。

二、获得社会实践机会的途径

据调查发现，大学生选择社会实践的渠道比较固定，主要依靠老师介绍和校团委组织。根据数据统计，35.4%的同学由同学或者老师介绍参加社会实践；36.2%的同学在校团委组织帮助下参加社会实践；13.5%的同学自己联系社会实践；7.1%的同学通过校园网平台获得社会实践的信息和机会（如表7—2所示）。

表7—2 获得社会实践的途径

分类	项目	频率	有效百分比
有效	同学或者老师介绍	467	35.4
	校团委组织	478	36.2
	自己联系	178	13.5
	校园网平台	94	7.1
	其他	103	7.8
	总计	1320	100.0

由此可见，大学生社会实践的渠道选择上相对单一，比较固定，很难

自主选择。在调查访谈中，有大学生指出，他一次次地尝试自己去联系实习单位，努力用自己的力量去获得社会实践机会。但是，最终他不得不面对失望。因为，有不少单位不情愿接收实习生，他们觉得大学生只不过是短期实践，又对大学生有种不信任感。在没有老师帮助和校团委组织安排下，学生们不得不求助家庭，让家人帮助随便找一个实习单位，这样就很难保证社会实践的效果了。大学生具有参加社会实践的冲动，但他们缺少社会工作经验，很难找到合适的社会实践机会。实习单位有自身利益的考虑，他们认为接收大学生参加社会实践并不能给他们带来明显的收益，有时候还会成为负担。另外，在社会实践过程中，有的大学生害怕承担责任，也缺少社会实践的积极性，这也是造成大学生社会实践工作具有难度的重要原因。

三、社会实践的保障条件

（一）社会实践的经费情况

大学生社会实践的经费往往没有充分的保障。通过调查发现，有36.6%的大学生社会实践没有经费支持，63.4%的大学生社会实践有经费支持。

在大学生社会实践经费来源方面，12.4%的大学生社会实践经费来自国家项目经费，35.9%的经费来自学校专项经费，6%的经费来自企业赞助，2.1%的经费来自民间团体赞助，1.9%的经费来自社会众筹，15.5%的经费来自个人资助。另外，对大学生社会实践经费来源不清楚或者认为没有经费的比重为26.6%。可见，大学生社会实践经费来源比较单一，主要还是学校的专项经费支持。而来自企业赞助、民间团体赞助的经费比例仍然比较少。作为一种新的筹集经费方式，社会众筹开始在大学校园出现，大学生也开始尝试通过社会众筹来筹集社会实践的经费。

大学生在社会实践上自己支付经费的状况也有所不同。27.2%的大学生没有在社会实践方面花费经费；自己花销经费在 500 元以内的比重为

60%；自己花销经费在 500—1000 元之间的所占比重为 10.6%；自己花销在 1000 元以上的所占比重为 2.3%。为了参加社会实践，大学生需要自己投入一部分实践经费。据统计，72.8%的大学生自己投入了一定的费用，仅有不到三分之一的大学生没有在社会实践活动上投入一定的经费。总体上讲，大学生考虑并愿意在社会实践活动上投入一定的经费。

（二）学校提供的保障情况

学校为大学生提供的社会实践保障应该是多方面的，包括资金和物质上的支持、社会实践的专业指导、搭建同类社会实践项目的交流学习平台、联系社会实践单位、组织社会实践团队等方面。

在问到"在社会实践方面，您希望学校为您提供哪些帮助？"时，55.8%的大学生认为是"资金和物质上的支持"；29.5%的大学生认为是"老师的专业指导"；11.2%的大学生认为是"搭建同类社会实践项目的交流平台"；3.2%的大学生认为是"联系实践团队"；0.2%的大学生认为是"组织实践团队"（如表7—3所示）。

表 7—3　学校帮助选项一

分类	项目	频率	有效百分比
有效	资金和物资上的支持	734	55.8
	老师的专业指导	388	29.5
	搭建同类社会实践项目的交流平台	148	11.2
	联系实践单位	42	3.2
	组织实践团队	2	.2
	其他	2	.2
	总计	1316	100.0

可见，学校为大学生提供的社会实践保障最常见的就是"资金和物质上的支持"以及"老师对学生社会实践的专业指导"。

在问到"您参与的社会实践活动中指导老师的作用大吗？"时，有51.4%的学生认为指导老师的作用"比较大"；有14.3%的学生认为指导老师作用"非常大"；有21.2%的大学生认为"作用不大"；甚至还有12.8%的大学生指出"没有指导老师"（如表7—4所示）。

表7—4 指导老师作用

分类	项目	频率	有效百分比
有效	非常大	189	14.3
	比较大	678	51.4
	作用不大	283	21.5
	没有指导老师	169	12.8
	总计	1319	100.0

可见，在社会实践中，大学生多数希望要有专业指导老师，只有少数大学生认为不需要社会实践专业指导老师。然而，调查结果显示，仍然存在大学生社会实践中缺少指导老师的现象，这说明有高校对大学生社会实践的重视程度仍然不够。

实际上，大学应当从多方面为大学生社会实践提供保障，除了物质支持和专业指导之外，还需要加强同类实践项目的交流平台，尽可能为大学生联系实习单位尤其是与大学生所学专业对口的实习岗位。

四、在社会实践活动中承担的角色

大学生在社会实践活动中，承担着不同的角色，包括组织协调者、宣传策划、后勤保障、普通队员等，对不同角色的期望在一定程度上反映了大学生的政治参与意识。在问到"在社区志愿服务活动中，您最愿意承担什么样的角色"时,大学生们的回答结果如下:在社会实践活动中,愿意承担组织协调者的大学生所占比重为37.7%;愿意承担宣传策划的大学生比重为24.3%;愿意做普通队员的大学生比重为21%(如表7—5所示)。

表7—5 愿意承担的角色

分类	项目	频率	有效百分比
有效	组织协调者	496	37.7
	宣传策划	320	24.3
	后勤保障	225	17.1
	普通队员	276	21.0
	总计	1317	100.0

愿意承担组织协调者的大学生,在社会实践活动中表现往往积极主动,组织并参与公共事务,代表学生实践团队成员的利益,表现出学生领袖的素质和能力。在社会实践活动过程中,愿意做普通队员相对而言缺少参与学生公共事务的积极性,缺少学生领袖的意识和能力。

五、社会实践的作用或效果

社会实践活动是高校实施素质教育的重要内容,有利于提升大学生的综合素质。大学生在社会实践的过程中,向群众学习,强化各种知识和技能的学习,注重身心健康,追求全面发展,坚定中国特色社会主义理想信念,逐步成长为中国特色社会主义事业的合格建设者和可靠接班人。社会实践是促进大学生创业就业的重要举措。大学生通过社会实践提前了解社会,锻炼了综合实践能力,为以后进入社会、创业就业打下了坚实的基础。社会实践是大学生服务社会的重要途径。大学生既是学习科学文化知识的主体,也是创新和奉献的主体,是我们国家宝贵的人力资源。社会实践活动构成了学校和社会之间的桥梁,实现了学校理论教育和社会实践锻炼之间的有效对接。社会实践活动不仅仅提高了大学生自身素质，而且能够让大学生将自己储备的知识、技能和智慧奉献给社会，展示了大学生服务社会的积极作用。

根据调查发现，大学生在社会实践活动中最大的收获是让自己更加了解社会，增强了综合素质和能力。在问到"您参加社会实践的最大收获"时，51.6%的大学生认为社会实践的最大收获是"更加了解社会"；44%的大学生认为是"锻炼自己，增强能力"；0.9%的大学生认为是"引导职业规划"；1.5%的大学生认为是"增加社会阅历"；1.3%的大学生认为是"提高专业技能"。由此可见，社会实践给大学生带来的主要收获是更加了解了社会、增强了能力。然而，大学生参加社会实践除了解社会、增强能力之外，还需要增强服务社会的意识，也需要进一步增强社会责任感。

参加社会实践对于大学生提高自己实际操作能力具有重要影响。在问到"您认为参加社会实践对提高自己实际操作能力的作用如何？"时，23.6%的大学生认为"提升很大"；70.1%的大学生认为"有一定提升"；5.6%的大学生认为"无明显提升"；0.7%的大学生认为"没有提升"。可见，大多数学生在参加社会实践中，使得自己实际操作能力获得一定程度上的提高。

六、社会实践的内容分析

大学生社会实践的形式与内容是丰富的、多种多样的。从社会实践活动形式上看，根据参与人数的不同划分为团队实践和个人实践；大学生社会实践内容上可以分为调查研究、参观考察、社会服务、生产劳动、社会公益、下乡支教、勤工俭学、科技发明与研究、挂职锻炼与就业实习等多种内容类别。在具体的实践活动中，也可能同时涵盖多个实习类型。随着我国经济社会的迅速发展，大学生社会实践的形式与内容也日益丰富，呈现出新的形式内容，比如大学生创业实践、网络虚拟社会实践、生存挑战体验等新的社会实践形式和载体。大学生是时代的弄潮儿，在开展社会实践活动中要勇于继承、发展和创新。

通过调查发现，大学生最喜爱的社会实践活动依次是专业实习实践、志愿服务、社会调研、社会公益、勤工俭学、下乡支教等。根据数据统计，有29.7%的大学生最喜爱"专业实习实践"；21.6%的大学生最喜爱"志愿服务"；15.2%的大学生最喜爱"社会调研"；12.8%的大学生选择"社会公益"；11.7%的大学生选择"勤工俭学"。可见，大学生在选择实习活动时，往往选择自己最喜欢的实践内容和形式，其中专业实习实践是大学生们最喜爱的形式之一。大学生社会实践不仅仅局限于专业实习实践，还需要增加志愿服务、社会公益类的实践形式，让大学生们在社会公益中体验人生价值的实现。

七、社会实践的目的调查

大学生开展社会实践活动，有助于提升自身综合素质，锻炼就业综合能力，强化社会生存责任意识，提高修养完善人格品质等。大学生社会实践是大学生社会化的需要，是高校思想政治教育的重要途径，具有重要的意义和价值。当问到"您参与社会实践的目的是什么"时，54.8%的大学生参与社会实践是为了"服务社会"；38.6%的大学生是为了"提高能力"，3.7%的大学生认为"满足专业学习需要"；2%的大学生是为了"完成学分任务"；0.5%的大学生是为了"评奖评优"。由此可见，绝大多数大学生社会实践是具有明确目的的，尤其是通过社会实践来服务社会，并在社会实践中不断提高自身能力。当然，不排除大学生通过参加社会实践达到评优的功利性目的。

当问到"您认为参与社会实践应该成为大学生评奖评优的硬性标准吗"时，有69.9%的大学生认为"可以适当考虑"；15.5%的大学生认为"应该"；14.6%的大学生认为"不应该"。可见，仍然有一部分大学生把社会实践当成评奖评优的工具。

第二节 大学生社会实践存在的问题及原因

一、大学生社会实践存在的问题

当问到"您认为大学生参加社会实践面临什么问题"时，有34.4%的大学生认为"没有达到预期的目的"；37.4%的大学生认为"时间太短，无法进入角色"；17.5%的大学生认为"形式大于内容"；5.4%的大学生认为"组织管理水平有待提高"；2.7%的大学生认为"活动太宽泛，操作性不强"；1.4%的大学生认为"活动创新性不强"；1.2%的大学生认为"缺少活动经费"。另外，还有大学生认为社会实践活动评选工作存在不公平问题，等等。总体而言，大学生社会实践活动存在种种需要亟待解决的问题。

（一）大学生自身存在的问题

大学生社会实践存在的种种问题，一方面是由于大学生自身对社会实践认识的不足导致的，另一方面是由社会环境造成的。大学生社会实践出现各种问题的直接原因，就是大学生自身存在的一些问题，主要表现如下。

1. 大学生对参与社会实践活动认识不足，缺乏科学合理的目标

有很多大学生由于在初中、高中的学习阶段都是以成绩作为考核的标准，进入大学阶段后，还没有充分认识到在大学开展社会实践的重要意义。实际上，他们还没有认识到大学生社会实践能够缩短与社会的心理距离，能够为将来就业做好各方面的准备等。因此，他们对于什么是社会实践，为什么要开展社会实践，怎样开展社会实践，怎样做好社会实践等问题没有认真思考过。甚至有的学生认为，社会实践只是学校或上级安排的一项任务而已。在对"参与社会实践的目的"进行调查时，有12.7%的大

学生将"完成学分任务"作为社会实践的目的。另外，还有7.9%的大学生是为了"评奖评优"，这明显具有功利性的目的。

2. 大学生参与社会实践活动缺乏主动性和积极性

目前，大多数社会实践活动是高校组织的，特别是面向低年级的大学生的，学生往往是被动参与。调查数据显示，在获得社会实践途径方面，仅有13.5%的大学生是"自己联系"；在社会实践过程中，仍然有21%的大学生只愿意当普通队员。大学生主动联系实习单位的比较少，并且在实践过程中不愿意承担责任的仍有一定的比例，他们在参与社会实践时比较缺乏主动性和积极性。学生们自发的实践活动往往与经济利益直接挂钩，如勤工俭学等，缺乏深入观察了解社会、紧密结合学业专业的社会实践活动。在高年级大学生临近毕业时，他们才会参加一些参观实习活动，然而由于缺乏实践经验，往往收获有限。

3. 大学生在社会实践过程中，往往从事低水平重复性劳动，活动开展也流于形式

有不少大学生对于社会实践从始至终就是以应付差事的心态来完成。所以，在参加社会实践活动中，他们容易心浮气躁，加上前期准备不足，缺少必要的知识储备，在开展社会实践中往往出现蜻蜓点水、浅尝辄止的现象。另外，在一些对社会实践活动有时间限制的高校，有些学生抱着混日子的态度，消极怠慢，甚至有的为了逃避活动，不惜代价寻找各种途径和方法，以次充好，弄虚作假。据统计，34.4%的大学生认为，社会实践没有达到预期的目标。

（二）社会层面存在的问题

大学生社会实践存在问题的深层次原因，主要是社会层面的，比如与社会环境、用人单位、政府等都有一定的关系。主要有如下表现：

（1）市场经济条件下，用人单位没有动力为大学生社会实践提供必要的支持。大学生社会实践的时间较短，往往不能为用人单位解决实际问题，反而耗钱耗力，所以很多用人单位本着不添麻烦、不出事故的原则，把接收大学生社会实践当作一种负担。同时，还有一些单位，貌似对大学

生社会实践非常支持，但实际上只把大学生当做廉价劳动力或免费劳动力，从事一些重复性的工作。这就使得整个社会环境对大学生社会实践的承受度相对较低，大学生通过实践取得的收获也很有限。

（2）在用人单位招聘人员时，虽然强调实践能力，但仍然以学历、成绩作为硬指标。不少用人单位虽然标榜自己的单位注重大学生实践能力，但在招聘过程中，由于实践能力不易于外在表现，因此在招聘人员时，仍然以成绩单或者应聘考试作为录用人才的标准。这就对用人导向造成不良影响，容易形成一种弱化社会实践的错误导向。

（3）社会媒体对大学生社会实践的引导存在一些负面报道和不良影响。近年来，媒体关于"大学生社会实践走形式"的报道较多，介绍大学生社会实践做实事、好事，介绍高校社会实践工作好经验、好做法的还需要加强报道，广泛宣传。

（4）政府对于支持大学生社会实践缺少必要的良性互动机制。虽然教育部对加强社会实践制定了若干政策，但在地方实施过程中缺少切实可行的做法。地方政府往往很难从加强和支持大学生社会实践的角度，考虑大学生就业质量的问题。近年来，有一些地方的共青团组织尝试进行就业创业的见习实践活动，但是与政府相比力量毕竟有限。由于缺乏政府的引导和良性互动机制，大学生与社会用人单位之间缺少相互沟通的"快速通道"。[①]

二、大学生社会实践存在问题的原因分析

当前大学生社会实践存在着一系列亟待解决的问题。其中，高等学校是大学生社会实践的主导，也是大学生社会实践教育的实施者。对于当前大学生社会实践过程中出现的种种问题，最根本的原因还在于高校。

（1）对大学生社会实践工作的重视程度不够。由于各方面的原因，学校、政府和社会都没有在大学生参加社会实践方面提供最大程度的支持、

---

① 刘晓东：《大学生社会实践理论与实务》，高等教育出版社2014年版，第272—274页。

帮助和引导。大多数学生由于各方面的限制，参加社会实践未能达到预期的效果，原本有意义的活动也做得不够细致和用心。同时，有些接收实习生的单位也没有意识到未来主力军的重要性，并未发挥好自己对社会的责任。他们只是考虑自身单位的利益，并不真诚希望这些未毕业学生在自己的单位参加实践。除此之外，部分大学生自己的家庭和学生本身也并不是很积极地去参加社会实践。

此外，部分高校对社会实践的作用认识有限，重视程度不够。社会实践是高等学校育人工作的一个重要环节。部分高校领导对此虽有一定的认识，但是还不够深刻，思想上还存在一定的认识误区，以至于在实际工作中，对大学生社会实践的重视往往只是停留在口头或者表面。比如：与课堂理论教学相比，把社会实践作为一种"软"任务，既没有摆在学校工作的重要日程，也没能纳入教学安排。对于教师参与社会实践没有相关的鼓励政策和激励机制；某些高校的领导或教师，本身也存在对社会实践"一阵风"的做法，在急功近利思想的影响下，出现了应付检查、完成上级要求、追求轰动效应的情况，这就会引起学生们的反感。

（2）社会实践活动的设计不合理，活动方式落后，实践深度欠缺。对于社会实践活动的设计，一些学校以学生个人自愿选题为主。这种方式往往基于学生个人兴趣，参与度比较高，但是内在地缺少实践育人方面的功能，有的还缺少对实践活动的有效把关，使得实践活动与促进专业学习、服务就业、服务社会等目标相距甚远，缺少实效性。也有一些学校，统一设计了实践项目，但是由于很多教师对于社会实践的理解不够深刻，往往将社会实践简单化，误认为只有参观、劳动、调研才是社会实践，对学生的参与能力、参与兴趣考虑不足，与社会需求、学生需求有所脱节，缺少对学生主动性的激发。在这样的情况下，大学生很难通过社会实践形成有深度的成果，真正为社会做出贡献。

（3）社会实践的组织管理缺乏科学性、规范性、持久性的良性机制，具体表现在如下几个方面。

第一，在组织规模上，往往不能做到全员覆盖，使社会实践成了培养少数学生"精英化"的途径，这不符合育人的全体性原则。

第二，在制度保障上，缺少常设的管理机构和稳定的制度体系，学校之间没有形成社会实践育人的合力。

第三，在投入保障上，经费有限、基地数量有限、教师投入有限。比如，社会实践基地数量有待于进一步增加。当前一些高校并没有和实践基地达成长久合作机制，这样就造成了社会实践基地的不稳定。还有一种情况是，社会实践场地不固定，一年换一个地方，或者是学校并未全力为大学生联系社会实践基地，仅仅依靠学生自己来联系，社会实践的效果并不明显。正是因为大学生社会实践基地没有固定场所，这就为大学生寻找社会实践基地带来了很大困难，甚至有的大学生就是找一家熟悉的单位打发时间、虚度时光，在实习结束时随便开具一张证明，就表示完成了社会实践活动，这样的社会实践就违背了初衷，不能起到应有的效果。

第四，在考核评价上，缺少规范的成绩考核评价体系、评价指标单一、成绩评定有较大的随意性，有些学校甚至缺少必要的考核环节。目前，关于大学生社会社会实践的考核标准还欠完善，没有对带队老师做出正确和合理的评价，对学生的实践表现更是缺乏细致的标准和统一的评估成绩。

第五，在实践教学指导方面，缺乏科学的社会实践知识技能专项培训与指导。目前，大多数高校对于教师指导大学生社会实践并没有形成明文规定，相关机制尚不完善，所以教师也就不愿意增加负担去指导大学生社会实践，而学生在社会实践期间也很难得到指导教师对自己实践活动提出的建议和意见，有些教师主要看学生上交的实践心得，而忽略了学生在实践中取得的实际效果。

正是因为高校在大学生社会实践组织过程中，或多或少地存在以上种种问题，使得出现了与社会实践初衷相悖的现象。例如，有的学生在参加社会实践后不仅对社会上的一些不正之风没有形成正确的认识，反而滋生了对社会的不满情绪；有些学生认为社会实践就是"盖印章、走形式"。这些后果的产生，是社会实践的"负面效应"，是大学生社会实践工作者应该深刻思考的问题。

第三节 大学生社会实践的发展趋势和展望

作为与社会需要时代发展紧密结合的一种教育形式，大学生社会实践必将不断发展。

一、大学生社会实践的发展趋势

进入新世纪以来，《中共中央、国务院关于进一步加强和改进大学生思想政治教育的意见》（中发2004［16］号文件）以及《教育部等关于进一步加强高校实践育人工作的若干意见》的发布，为新时代我国大学生社会实践指明了发展方向，标志着我国对新时代大学生社会实践工作的重视程度不断加大。因此，我国的大学生社会实践活动迎来了又一个发展高潮。尽管存在各种各样的问题，但是在全国高校的不断努力和探索下，也逐渐显现出来未来大学生社会实践的发展趋势。

第一，大学生社会实践的地位将进一步增强，受到党和政府、社会、高校和大学生的进一步重视，成为今后一项具有战略意义的工作。社会实践具有重要的实践育人功能，对于大学生坚定为实现中华民族伟大复兴中国梦而奋斗的理想信念，成为中国特色社会主义事业合格建设者和接班人，具有重要意义。这就需要国家从政策角度对大学生社会实践提供更多的保障和支持。

第二，高校大学生社会实践工作也将成为一个涵盖社会、高校、全体学生参与，与学校教学、科研工作相互配合促进，内容和形式不断丰富，工作机制日益完善的系统工程，成为高校高水平人才培养的必需环节。高校也在时代发展的背景之下不断改进大学生社会实践，逐步将社会实践提高到与课堂理论教学同等重要的地位，从而将这项复杂的社会系统工程发挥出更大更好的作用。

二、大学生社会实践的探索与展望

（一）不断探索大学生社会实践教育的内在规律

高校推动社会实践工作要把握时代发展脉搏、紧跟时代发展潮流，加强其内在规律的探索。大学生社会实践教育要坚持育人为本，把提高大学生思想政治素质作为首要任务；坚持理论联系实际，提高社会实践的针对性、实效性；坚持课内与课外相结合、集中与分散相结合；坚持整合资源，调动校内外各方面积极性，努力形成全社会支持大学生社会实践的良好局面。社会实践工作者要按照价值规律和教育规律，加强对社会实践工作内容、模式的研究，坚持走社会化道路，使社会实践能够更好地服务学生成长成才，与高等教育教学、科研有机融合，主动适应市场经济发展的需要。

（二）打造规范有序的大学生社会实践运行管理体系

建设规范的组织运行体系，是大学生社会实践发展的可靠保障。完善相关制度建设，要从管理体制上探索社会实践与高等教育相结合的切入点，把社会实践纳入教育教学的总体规划，形成规范的完善的社会实践制度运行体系。同时，需要做好综合保障工作，加强大学生社会实践基地的建设，确保社会实践工作经费的投入。

（三）形成科学的大学生社会实践教学工作机制

落实课程化建设，不断推进社会实践教学深度化。做好社会实践教学研究和学科建设，形成规范系统的知识结构，形成一批有示范效应的公开课、精品教材。不断探索社会实践活动形式的生动载体，充分依托学生社团、学生自组织，激发大学生社会实践的主动性和自觉性。加强大学生社会实践内容的顶层设计，落实社会实践"四结合"的有效抓手：与思想政治教育紧密结合、与专业学习紧密结合、与就业创业紧密结合、与服务社会紧密结合。① 充分调动政府及学校、用人单位和大学生的积极性,形成一个良性循环的实践机制,完善学校、学生、实践单位三者之间的互动、沟通机制。

---

① 刘晓东:《大学生社会实践理论与实务》,高等教育出版社2014年版,第275—277页。

第八章　优化大学生思想政治工作和实践引领

本次调查研究的重点集中在大学生思想状况、政治认同和社会实践等问题上，根据本次调查研究中发现的有关问题，我们结合在长期教学一线中获得的第一手材料，对如何优化做好大学生思想政治教育和实践引领等工作提出若干对策建议，以便更好地促进当前对青年大学生的思想政治引领工作。

第一节　优化大学生适度有序的政治参与

根据政治学基本原理，政治参与的规模、方式和效果，是判断一个国家政治文明程度的重要指标之一。当然，由于国家性质不同，从根本上决定了不同国家对政治参与的具体标准理解有所区别。党的十八届三中全会通过的《中共中央关于全面深化改革若干重大问题的决定》指出：要"更加注重健全民主制度、丰富民主形式，从各层次各领域扩大公民有序政治参与，充分发挥我国社会主义政治制度优越性"①。这是执政党从国家层面对关于"扩大公民有序政策参与"的权威表述，对优化做好大学生适度有

---

① 参见《中共中央关于全面深化改革若干重大问题的决定》，中国共产党新闻网，2013年11月16日，http://cpc.people.com.cn/n/2013/1116/c64094-23561785.html。

序政治参与具有直接指导意义。在此基础上,党的十九大报告再次强调:扩大人民有序政治参与。

从本次调查结果看,虽然大学生在中国特色社会主义道路自信、理论自信、制度自信和文化自信等方面,显示了较高的认同度,但仍然有少数学生存在道路焦虑、理论焦虑、制度焦虑和文化焦虑,以至于在社会实践中,不能很好地体现当代大学生的社会担当和历史责任,出现了学习和实践中的形式主义和浮漂现象。对此,我们认为,对即将步入社会的大学生,优化他们的政治参与工作,是增强大学生实践能力和社会担当的重要一环。

但是,由于大学生还没有走上社会,他们的政治参与还受制于学业、就业、考研等一些因素的制约,因此他们的政治参与只能是适度且有序的,并且从制度化政治参与和非制度化政治参与两个角度考虑,则是优化大学生适度有序政治参与的必然选项。

一、优化大学生适度有序的制度化政治参与

大学生适度有序的制度化政治参与,是指大学生在有关部门和单位的组织指导下,以我国现有的法律法规的具体规定为基础,借助业已形成的制度化参与渠道,通过制度化或者程序化的政治参与行为影响国家、社会的政策执行过程。

(一)优先做好大学生制度化民主选举参与

在我国,制度化政治参与是当前大学生最主要的政治参与渠道,诸如人民代表大会制度、中国共产党领导的多党合作和政治协商制度①、基层群众自治制度等,同时还有各级党政组织、人大、政协、工会、共青团、

---

① 调查发现,党员大学生与民主党派大学生,在政治认同方面存在的问题,颇多类似,而在政治行为如政治参与等方面,也存在类似的情况。这一方面说明大学生政治参与频次不高,另一方面也说明优化大学生适度有序的政治参与是个整体性、系统性工作。——笔者注

妇联、职代会等政治参与的渠道和途径。在这些制度化参与载体中，制度化选举工作是大学生最高频次的制度化政治参与工作。比如大学生在学校的组织下，在固定的时间内，以制度化或者程序化的形式，参与人大代表的投票选举工作。

（1）提高大学生参与民主选举的积极性。一方面，要真正筛选出德才兼备、为民担当、清正廉洁的时代楷模和代表候选人，用榜样的力量激励大学生。另一方面，要精心组织民主选举活动，做好思想动员工作，让学生充分感受到"神圣一票"给国家政治社会生活带来重要影响所具有的历史责任感。

（2）防止大学生的投票向精英民主转变。主要是在大学生的民主实践中，防止他们如影随形地向西方国家以选举为核心的政治参与方式看齐，防止西方选举思想对他们的渗透。

调查显示，虽然绝大多数大学生认为我国的民主是人民真正当家做主，但仍然有将近3.5%的学生认为"西方的民主是真正的民主"（见表8—1和表8—2）。这需要引起有关部门的高度重视。

表8—1 对西方民主的看法选项一

分类	项目	频率	有效百分比
有效	西方民主是政客的游戏	509	38.5
	西方民主是金钱的民主	176	13.3
	西方民主是真正的民主	46	3.5
	中国民主与西方民主有着本质区别	480	36.3
	我国的民主是人民真正当家做主	112	8.5
	总计	1323	100.0

表 8—2　对西方民主的看法选项二

分类	项目	频率	有效百分比
有效	西方民主是政客的游戏	5	.6
	西方民主是金钱的民主	122	15.8
	西方民主是真正的民主	29	3.7
	中国民主与西方民主有着本质区别	282	36.4
	我国的民主是人民真正当家做主	336	43.4
	总计	774	100.0

由于民主选举是大学生制度化政治参与的主要方式，高校有关组织部门需要借助民主选举活动，提高大学生的政治认同度，而不是降低他们的政治认同度，更不能把大学生的民主选举变成西式民主思想的助推器。

（二）优化大学生制度化民主立法参与

民主立法是改革开放以来就已经形成的法治建设的基本理念。党的十八届四中全会对民主立法提出了指导性意见："完善立法项目征集和论证制度。健全立法机关主导、社会各方有序参与立法的途径和方式"、"健全立法机关和社会公众沟通机制，开展立法协商……拓宽公民有序参与立法途径，健全法律法规规章草案公开征求意见和公众意见采纳情况反馈机制，广泛凝聚社会共识。"[①]

就大学生而言，能够参与民主立法工作，更多的是法学类专业的学生。我国很多地方政府和城市都积极开展民主立法的社会化工作。比如2009年8月，安徽大学法学院的许爽等5名大学生将他们修订《合肥市道

---

① 参见《中共中央关于全面深化改革若干重大问题的决定》，中国共产党新闻网，2013 年 11 月 16 日，http://cpc.people.com.cn/n/2013/1116/c64094-23561785.html。

路交通安全管理条例》的调研意见提交给合肥市人大常委会。谈到参与立法的感受，学生史雪娇说，这次实践让他们大开眼界。"原来修改法规安排是非常细致缜密的。不是我们想的那样提出一条建议，大家举手通过就行，而是市人大法工委、内司工委和交通部门的相关负责人从第一条开始，逐字逐句的'抠'。有时为了一个字，要翻出许多的条例参考论证。这给了我们很大的震撼，使我们充分感受到了法律法规的严肃神圣。"通过这次实践活动，这些法学专业的大学生学到不少知识。他们认为，应当让更多的法学专业学生参与到立法工作中来，使他们的专业知识得以深化。[1]

因此，以制度化形式让大学生适度参与到国家、地方政府的立法工作，是提高大学生政治认同度的重要途径之一。

（三）优化大学生制度化公共决策参与

党的十八届四中全会指出："健全依法决策机制。把公众参与、专家论证、风险评估、合法性审查、集体讨论决定确定为重大行政决策法定程序，确保决策制度科学、程序正当、过程公开、责任明确。"[2]

围绕事关群众生产生活的重大问题，大学生也在以积极态度参与，比如在一些地方的"问政直通车"活动、"行风热线"活动、"电视问政"等活动中，都能见到大学生的身影。随着网络的快速发展，以"网络问政"、"微博问政"等新兴形式出现的大学生参与公共决策的活动，也日渐多了起来。

在每年全国"两会"之前的网络调查中，大学生群体的参与度也日益活跃。但不可否认的是，大学生在公共决策参与的数量和质量方面还有待

---

[1] 参见：《合肥：人大"开门立法"邀法学专业学生参与》，http://news.sohu.com/20090801/n265641419.html。

[2] 参见《中共中央关于全面推进依法治国若干重大问题的决定》，中国共产党新闻网，2014年10月29日，http://cpc.people.com.cn/n/2014/1029/c64387-25927606.html。

提高。调研也发现，有些大学生在通过网络参与公共决策活动的过程中，一些非理性的情绪也在抬头。比如2012年的什邡事件，什邡市及周边地区的学生和居民因担心四川宏达股份有限公司投产的钼铜项目会对环境和公共卫生构成威胁，进而上街游行，抗议人士中有相当一部分是学生。这说明，大学生参与公共决策容易受到外在环境的影响，这需要我们做好引导和规划。

总之，优化大学生制度化公共决策的参与工作，是做好大学生思想政治工作和实践引领工作的重要内容。

二、优化大学生适度有序的非制度化政治参与

大学生适度有序的非制度化政治参与，是指大学生利用国家法律等有关制度性的既有规定，借助国家提供的政治参与渠道，但其参与形式、参与行为、参与实践又明显游走于法律边缘，甚至于超越法律和制度的规定。在制度化政治参与不能满足大学生求新、求变的需求下，非制度化政治参与就成为大学生的重要选项，后者的表现形式要远远比前者的表现形式多样。

（1）优化大学生的信访参与。信访是大学生非制度化政治参与的一种形式。随着互联网的发展，大学生参与网上信访的比重在逐步增多，而现场上访量在逐步下降。大学生参与信访的原因很多，但多数是涉及自身家庭的切身利益。大学生参与的信访多是理性上访，是以信任政府为前提的。党和政府应当在信访程序、接访态度、结访效率上下功夫，高校有关部门也应当充分借助信访这个渠道，增强包括大学生在内的人民群众对国家的信任和政治参与的效能感。实践证明，即便在政绩考核的严格要求下，高校对涉及大学生家庭合法利益的上访事宜，宜疏不宜堵。否则，可能发生因一人之事而引发高校舆论的"蝴蝶效应"，降低党和政府的公信力。

（2）优化大学生新媒体政治参与。互联网政治参与的形式多种多样，从互联网产生之日起，互联网政治参与就出现了。2014年8月，中央全面

深化改革领导小组第四次会议审议通过了《关于推动传统媒体和新兴媒体融合发展的指导意见》，在提出"互联网+"计划之后，互联网政治参与的深度和广度进一步拓展。大学生互联网政治参与的形式无法准确统计，但主要集中在以下方面：对公共事件的互联网政治参与、对社会安全的互联网政治参与、对国内外形势发展的互联网政治参与、对民生问题的互联网政治参与、对关涉自身利益的互联网政治参与等等。当然，大学生互联网政治参与往往受制于商业网站和资本市场的影响，不但没有形成良好的循环，甚至会被资本利用而诱导为网络暴民，乃至于可能成为利益集团绑架政治的工具。

由于大学生互联网政治参与的随机性和难以预见性，采取政治参与行为往往是大学生的一念之间或者触景生情，而触发的导火索很大程度上导源于党、政府、学校或其他党政组织自身。要优化大学生互联网政治参与，就必须从党和政府自身做起，减少触发问题的导火索，同时科学引导大学生对网络事件、热点问题的政治参与方式，防止大学生被利益集团利用。

第二节 涵养大学生成长的新媒体环境与实体环境

本次调查显示：大学生容易受到两类环境的影响和制约，一是大学生成长的新媒体环境，二是大学生成才的实体环境。本次调查问卷的实体环境主要是指影响大学生成长的国家制度环境、政治政党环境、文化发展环境、基层民主环境、治国理政效果环境等。虽然实体环境是相对于虚拟环境而言的，但由于大学生成长除了受到互联网等虚拟环境影响之外，还受到其他数字媒体的影响。因此，这里用新媒体环境而放弃使用虚拟环境，旨在强调优化大学生成长的立体化的媒体环境。

一、涵养大学生成长的新媒体环境

青年大学生的成长过程，除了受到实体环境影响之外，还越来越多地受到新媒体环境的影响。① 在各种新媒体中，网络媒体的发展十分迅速，对社会的影响也越来越大。根据中国互联网络信息中心（CNNIC）发布的第 39 次《中国互联网络发展状况统计报告》显示，截至 2016 年 12 月，我国网民规模达 7.31 亿，互联网普及率达到 53.2%，超过全球平均水平 3.1 个百分点，超过亚洲平均水平 7.6 个百分点。②

据中国互联网络信息中心（CNNIC）发布第 47 次《中国互联网络发展状况统计报告》显示，截至 2020 年 12 月，我国网民规模达 9.89 亿，互联网普及率达 70.4%。③

早在前些年，根据中国互联网络信息中心的统计，大专以上的大学生网络使用率已经达到 97.5%，基本上达到了 100%。可以说，新媒体尤其是网络媒体已经成为青年大学生学习和生活的一部分，网络媒体对大学生的影响作用也越来越大。

本次调查结果显示，越来越多的大学生通过网络渠道获得外界信息（见表 8—3）。

根据上述统计可以知道，大学生在获知时政信息的渠道选择中，通过网络媒体的占比远远大于通过传统纸质媒体的占比。但是，在这些网络媒体中，也有 29.1% 的同学是通过商业媒体来了解时政信息的，甚至还有 2.3% 的同学选择了《纽约时报》《联合早报》等外媒。

---

① 新媒体的概念具有相对性，是针对传统的报纸、户外、广播、电视等媒体而言的，包括手机媒体、网络媒体、数字电视等，有人形象地将新媒体称为"第五媒体"。同时，新媒体的概念也比较宽泛，泛指利用数字技术、网络技术，通过互联网、宽带局域网、无线通信网、卫星等渠道，以及电脑、手机、数字电视机等终端，向用户提供信息和娱乐服务的传播形态。因此，严格地说，新媒体应该称为数字化新媒体。——笔者注

② 第 39 次《中国互联网络发展状况统计报告》发布，人民网：http://media.people.com.cn/n1/2017/0123/c40606-29042485.html。

③ http://cnnic.cn/gywm/xwzx/rdxw/20172017_7084/202102/t20210203_71364.htm.

表8—3 通过什么了解时政信息

分类	项目	频率	有效百分比
有效	人民网、新华网、中央电视台等国家主流非纸质媒体	491	36.8
	《纽约时报》《联合早报》外媒	31	2.3
	搜狐、新浪、网易等商业媒体	388	29.1
	党报党刊等国家主流纸质媒体	20	1.5
	公众号微信、微博等新兴媒体	403	30.2
	总计	1333	100.0

加强新媒体管理，抵御西方国家媒体霸权，为青年大学生的成长提供健康的网络环境，是优化大学生健康成长的必然选项、紧迫选项。

（1）遵循新媒体发展规律，科学打造大学生成长的新媒体网络。遵循媒体发展规律，加强新媒体与传统媒体的融合互动，打造大学生成长成才的立体网络。2014年8月19日，习近平总书记在中央全面深化改革领导小组第四次会议上指出，要推动传统媒体和新兴媒体融合发展："推动传统媒体和新兴媒体融合发展，要遵循新闻传播规律和新兴媒体发展规律，强化互联网思维，坚持传统媒体和新兴媒体优势互补、一体发展，坚持先进技术为支撑、内容建设为根本，推动传统媒体和新兴媒体在内容、渠道、平台、经营、管理等方面的深度融合，着力打造一批形态多样、手段先进、具有竞争力的新型主流媒体，建成几家拥有强大实力和传播力、公信力、影响力的新型媒体集团，形成立体多样、融合发展的现代传播体系。要一手抓融合，一手抓管理，确保融合发展沿着正确方向推进。"①

（2）提供大学生成长的绿色清朗的网络空间。依法建设健康的互联网

---

① 《习近平九论互联网》，人民网，2015年10月12日，http://politics/people.com.cn/n/2015/1012/c1001-27687132.html。

媒体，为青年大学生的成长提供绿色清朗的网络空间。一是提高互联网自主创新技术的研发、投入、推广和使用。我国在互联网的投入和自主创新方面还相对落后，区域和城乡差异比较明显，特别是人均宽带与国际先进水平差距较大，国内互联网发展瓶颈仍然较为突出。西方国家利用互联网技术优势，对我国开展的网络渗透、网络暴力和网络侵袭活动，仍然严重影响着大学生，给大学教育带来了很大压力。二是加强互联网的立规立法，依法治网。改革开放以来，尤其是新世纪以来，我国相继出台了与互联网有关的法律、法规、规章、制度、条例等。比如：《电子认证服务管理办法》《计算机信息网络国际联网保密管理规定》《信息网络传播权保护条例》《中国互联网网络版权自律公约》、《关于网络游戏发展和管理的若干意见》《互联网著作权行政保护办法》《互联网 IP 地址备案管理办法》《非经营性互联网信息服务备案管理办法》《最高人民法院、最高人民检察院关于办理利用互联网、移动通讯终端、声讯台制作、复制、出版、贩卖、传播淫秽电子信息刑事案件具体应用法律若干问题的解释》等。这些法律法规有效促进了互联网的健康发展。但是，互联网是个新兴事物，一些新兴的未知领域还需要有关法律及时跟进，互联网立法工作仍然相对滞后。三是科学有效地开展网络宣传和主流价值观引导。2014 年 2 月 27 日，习近平总书记在中央网络安全和信息化领导小组第一次会议上指出：做好网上舆论工作是一项长期任务，要创新改进网上宣传，运用网络传播规律，弘扬主旋律，激发正能量，大力培育和践行社会主义核心价值观，把握好网上舆论引导的时、度、效，使网络空间清朗起来。

二、涵养大学生成长的实体环境

马克思主义认为，社会存在决定社会意识，社会意识反映社会存在。大学生成长的新媒体环境，无论其形式多么新颖别致，但所反映和承载的内容，都是实体环境的要素，比如政党政治、国家制度、文化发展环境、治国理政等。这些实体环境要素通过新媒体的多种形式，无时无刻不在影响大学生的思想认识和社会实践（如表 8—4 所示）。

表 8—4　我生活的城市很安全

分类	项目	频率	有效百分比
有效	非常认同	419	31.6
	比较认同	573	43.2
	一般认同	253	19.1
	不太认同	72	5.4
	非常不认同	9	.7
	总计	1326	100.0

在这项调查中，有93.9%的同学对于大学生成长的社会安全环境还是比较满意的。这说明，大学生在成长过程中，他们的人身财产安全得到了有效的保障，这对于大学生开展社会实践活动是十分有利的。再比如，关于房价的调查（见表8—5）。

表 8—5　大城市房价很高不能立足

分类	项目	频率	有效百分比
有效	非常认同	483	36.4
	比较认同	466	35.1
	一般认同	271	20.4
	不太认同	77	5.8
	非常不认同	30	2.3
	总计	1327	100.0

在这项调查中，仅有7.1%的同学认为大城市的高房价不会影响自己的立足问题。很显然，高房价已经影响了大学生的就业选项和职业规划。再比如，关于民族团结的调查。

结合本次调查结果，笔者认为，优化大学生成长的实体环境，需要做好以下工作。

（1）打造忠诚干净担当的干部队伍和清正廉洁的政府。党的十九大报告指出：人民群众最痛恨腐败现象，腐败是我们党面临的最大威胁。调查发现，在"从现在到未来四年内，您对'官员越来越廉洁'的信心程度如何？"调查结果显示，一方面大学生对党和国家反腐倡廉的力度和成效高度认同，另一方面也对一些官员廉洁自律表示了怀疑或者信心不足（见表8—6）。

表 8—6 官员越来越廉洁

分类	项目	频率	有效百分比
有效	非常有信心	336	25.5
	比较有信心	393	29.9
	信心一般	364	27.7
	不太有信心	154	11.7
	完全没信心	69	5.2
	总计	1316	100.0

根据本表可知，有超过11.7%的大学生对于"官员越来越廉洁"表示"不太有信心"，甚至还有5.2%的大学生对此表示"完全没有信心"，两项相加共有16.9%的人对官员越来越廉洁表示了没有信心。认为未来官员越来越廉洁的占到了55.4%，加上有信心但不充足的选项，总比例达83.1%。与此同时我们也要看到，少部分学生对党员干部的自身廉洁问题还持有怀疑态度，这是值得我们高度重视的。

实际上，党的十八大以来，我们党在正风肃纪、铁腕反腐方面已经取得了看得见的成绩。在本次调查中，大学生对于中国共产党的反腐倡廉建设有着诸多期待，对于构建清正廉洁的政府，也有着诸多期待。比如通过"从现在到未来四年内，您对'反腐措施持续有力'的信心程度如何？"的调查可以知道，有75.7%的同学对党的这一举措充满了信心（见表8—7）。

表8—7 反腐措施持续有力

分类	项目	频率	有效百分比
有效	非常有信心	477	36.1
	比较有信心	523	39.6
	信心一般	233	17.6
	不太有信心	72	5.5
	完全没信心	16	1.2
	总计	1321	100.0

（二）真正维护大学生的切身利益

1. 切实关心和解决大学生遇到的现实问题。根据对"若遇到不公正对待，您认为下列对象对您帮助如何（请在相应处画√）"的调查可以知道，在12个选项（政府、学校、非政府组织、家人、亲戚、朋友、司法机关、国内媒体、国外媒体、居委会、宗教组织、自我阿Q）等选项中，认为"非常有用"且排在第一位的，既不是"政府"也不是"学校"，而是"家人"，其有效比竟然达到了72.8%，是政府有效占比31.9%的2.2倍（见表8—8和表8—9）。

为什么会出现这种情况呢？在我们的随地走访中发现，不少大学生认为自己在遇到困难的时候，家人会竭尽全力来帮助自己，而政府的科层管理往往会让自己在维权的过程中，遭受一些潜规则的影响。从中可以看出，政府在维护大学生切身利益的过程中，并没有做到让大学生充分满意的程度。正因如此，这一项的调查结果说明了党和政府切实维护大学生现实利益的重要性，这一点做不好会直接影响大学生的政治认同。习近平总书记在党的十九大报告中指出，要优先发展教育，健全学生资助制度，讲的就是要关心爱护学生。因此,注重于大学生切身利益的维护,是提高大学生政治认同的重要一环。

表8—8 家人

分类	项目	频率	有效百分比
有效	非常有用	964	72.8
	可能有用	280	21.1
	可能有用	68	5.1
	没什么用	13	1.0
	总计	1325	100.0

表8—9 政府

分类	项目	频率	有效百分比
有效	非常有用	423	31.9
	可能有用	442	33.4
	可能有用	348	26.3
	没什么用	112	8.5
	总计	1325	100.0

2. 注重做好大学生关注的未来事项。通过调查大学生关于两会提案的关注情况可以看出:大学生对于与人民群众关系密切的教育、医疗等民生领域的关注度最高,达到53.5%,超过调查人数的一半,几乎是"关于大学生就业创业"关注度的3倍。实际上,大学生对民生问题的关注也是在关注自己的切身利益,比如教育和医疗,这些因素都直接影响大学生的成长成才(如表8—10所示)。

表 8—10　对两会提案关注方面

分类	项目	频率	有效百分比
有效	关于教育、医疗等民生问题的	704	53.5
	关于经济国家发展的	165	12.5
	关于国家安全的	94	7.1
	关于反腐败问题的	85	6.5
	关于大学生就业创业的	247	18.8
	其他	21	1.6
	总计	1316	100.0

这项调查显示，大学生对于中国共产党治国理政有着许多新的期待，虽然从整体上看，他们对中国特色社会主义充满道路自信、理论自信、制度自信和文化自信，但在具体领域和具体范畴内，他们更加关注治国理政的成效问题，更加关心自己和家人能否真正享受到改革开放的红利。该项调查也说明，大学生除了对于"教育、医疗等民生问题"更加期待之外，紧随其后的就是对于"大学生就业创业"提案的关注，有效百分比为18.8%，这说明大学生希望国家在事关青年未来发展的问题上，给予高度关注。这也从另一个侧面说明，当前有关青年就业创业的政策和制度，还有进一步提升和完善的空间。

第三节　优化做好大学生社会实践指导

一、以崇高的理想信念作为社会实践的指导

大学生的社会实践活动毕竟不同于正式的工作，无论是何种内容的

社会实践活动,都应当以帮助大学生树立远大的理想和坚定崇高的信念为基本目标,就要坚持在实践活动中,以共产主义为远大理想、以中国特色社会主义为共同思想基础。通过社会实践,培养大学生天下为公、担当道义的博大胸怀,系好他们人生成长的"第一粒扣子"。德才并重、情理兼修是新世纪青年大学生的必备之功。在思潮纷扰的侵袭中,青年要用共产主义的精神支柱来支撑理想之厦,用社会主义核心价值观凝神聚气、激浊扬清。

实际上,调研结果显示,绝大多数大学生参加社会实践活动的目的,并非旨在获得评优评奖的资格,更多的是"服务社会"和"提高能力"(如表8—11)。

表8—11 参加实践目的的选项一

分类	项目	频率	有效百分比
有效	服务社会	720	54.8
	提高能力	507	38.6
	满足专业学习需要	49	3.7
	完成学分任务	26	2.0
	评奖评优	7	.5
	其他	5	.4
	总计	1314	100.0

二、坚持理论与实际相结合的基本原则

大学生通过实地调查研究,了解国情、民情、党情、世情、政情,提高自己的理论水平和思想政治素质。要做好社会实践前的准备工作,一是做好实践计划,尤其是做好紧急情况预案,注意人身财产安全。二是采取

切实可行措施，深入实际，防止走过场、走形式。三是做好实践报告的撰写，要收到明显的实习实践的效果。

三、实践内容要紧扣时代脉搏，防止内容老化和重复

理论是灰色的，而生活之树长青。习近平总书记在党的十九大报告中指出：实践没有止境，理论创新也没有止境。因此，时代在变化，形势在发展，大学生的生活实践主题理应反映时代呼求，与时代主旋律相呼应。比如，共青团中央组织开展的"三下乡"主题活动，就是典型代表，收到了良好效果，发挥了应有的社会影响。"士不可以不弘毅，任重而道远。"人生之梦和国家之梦都需要青年用实力做个"创客"，不拒平凡，勇于拓新，在逐梦圆梦中激扬青春，在服务人民的实践中赢得尊重，在推进党的事业中实现抱负。

表 8—12　近 16 年来大学生暑期"三下乡"社会实践活动主题一览表

年份	大学生暑期社会实践主题
1999	弘扬"五·四"爱国精神，勇担富国强民重任
2000	向新世纪迈进，在实践中成才
2001	播科学圣火，做文明使者
2002	同人民紧密结合，为祖国奉献青春
2003	实践"三个代表"，弘扬民族精神
2004	传承"五四"报国志，落实科学发展观
2005	服务和谐社会建设，提高思想政治素质
2006	践行荣辱观，服务新农村
2007	贯彻科学发展观，服务农村促和谐

（续表）

年份	大学生暑期社会实践主题
2008	服务灾区，共建家园
2009	高扬爱国主义旗帜，投身科学发展实践
2010	服务三农发展，建设美好家园
2011	永远跟党走，青春献祖国
2012	青春九十年，报国永争先
2013	实践激扬青春志，奋斗成就中国梦
2014	为祖国勤学修德，以实践明辨笃实
2015	践行"八字真经"，投身"四个全面"
2016	青春建功十三五·携手共筑中国梦

资料来源： 中央宣传部、中央文明办、教育部、共青团中央、全国学联关于组织开展全国大中专学生志愿者暑期文化科技卫生"三下乡"社会实践活动的通知。

四、坚持走与工农商学兵相结合的道路

人民群众是历史的创造者，是推动中国大发展大繁荣的动力，大学生的社会实践活动，应当深入到群众火热的生产生活中，坚持同群众打成一片、融为一家。习近平总书记指出："要坚持学以致用，深入基层、深入群众，在改革开放和社会主义现代化建设的大熔炉中，在社会的大学校里，掌握真才实学，增益其所不能，努力成为可堪大用、能担重任的栋梁之材。"[①]

[①] 习近平：《在同各界优秀青年代表座谈时的讲话》（2013年5月4日），新华网：http://news.xinhuanet.com/politics/2013-05/04/c_115639203.htm。

国外有些国家的大学生社会实践活动，也采取了类似的做法，比如墨西哥文教部规定的高校师生必须用 3—6 个月的时间，开设为农村服务的"实际工作课"，美国采取校企合作"双元式"社会实践模式，英国在 20 世纪 70 年代开设了"教学公司计划"，新加坡等国家项目合作导向制社会实践活动，日本大学生开展了"体验式就业"等。①

五、社会实践活动要立基于大学生的自身实际

大学生的特点是思想活跃、潮气蓬勃、富有创新精神和冒险精神，是党和国家的宝贵人才资源，但他们又缺乏历练、耐心不足。因此，大学生的社会实践活动，既不能按照小学生走马观花逛大观园式的春游、秋游来对待，也不能按照成年人的在岗工作状态来对待。在安排社会实践活动中，需要以感性接触为先导，加以辅导教师的引导，深化大学生对中国国情的认知，使大学生产生情感共鸣，最后使大学生在实践行为中，作出正确的选择和行动。正如习近平总书记在党的十九大报告中所指出的那样：要把社会主义核心价值观融入社会发展各方面，转化为人们的情感认同和行为习惯。

六、加强和完善组织领导

包括国家层面的法律法规等制度的出台；学校有关促进机制的建立；指导教师的名副其实的指导；活动经费的落实保障；团队成员社会实践活动技能的有效培训；社会实践活动成效的扩大等。调研发现：在"学校帮助"的选项中，有 85.3%的同学希望获得"资金和物资上的支持"和"老师的专业指导"（如表 8—13）。

---

① 参见曹勇编：《当代大学生社会实践的理论探索与实践创新》，重庆大学出版社 2015 年版，第 86—91 页。

表 8—13　学校帮助选项一

分类	项目	频率	有效百分比
有效	资金和物资上的支持	734	55.8
	老师的专业指导	388	29.5
	搭建同类社会实践项目的交流平台	148	11.2
	联系实践单位	42	3.2
	组织实践团队	2	.2
	其他	2	.2
	总计	1316	100.0

本章小结

通过本次调查发现的问题以及我们提出的若干针对性的对策，课题组认为：提高大学生的政治认同度，应当充分利用好"四个力"。

政治认同的引领力。指党和政府引导、引领、指导、指引大学生健康成长的引领力，包括习近平新时代中国特色社会主义思想教育、理想信念教育、社会主义核心价值观教育等。政治认同的引领力越大，政治认同度就越高，否则就越低。

政治认同的推动力，指党、政府、学校、社会等完善相关制度、体制、机制，确保大学生的政治参与、政治实践、政治行为、政治权利等得到充分的实现和保障。政治认同的推动力越大，政治认同度就越高，否则就越低。

政治认同的向心力，指大学生以实际行动听党指挥、紧跟党走的积极性问题。大学生要让勤奋学习成为青春远航的动力，让增长本领成为青春搏击的能量。这样才能在逐梦圆梦中激扬青春，在推进党的事业中实现抱负。政治认同的向心力越大,政治认同度就越高,否则就越低。

政治认同的排斥力,指党、政府、学校、社会和大学生,对阻碍、歪曲、丑化政治认同方面的排斥力,包括对非马克思主义思潮的抵御力,对西方国家西化、分化、裂化、丑化我国的反击力,对社会不良现象的抵制力,等等。政治认同的排斥力越大,政治认同度就越高,否则就越低。

总之,当代大学生的思想状况和实践拓展是个严肃课题,课题组深入调查了中国东北、东南、西部、西南、中部和首都北京,调查区域涵盖了东中西部三个阶梯性区域,调查对象涵盖了高职高专、普通本科、985 和 211 等高校,从中发现和总结了一些问题,对大学生的政治认同状况、政治行为特征、社会实践状况等进行了系统的总结,这对我们进一步做好青年大学生的思想政治工作有着现实的意义。但是,要想获得长期有效并且能够比较分析的数据和结果,它需要持续不断地调查、挖掘、分析、整理、归类等等许多细碎和基础性的工作。因此,本章节所提的意见和建议,也是仅仅针对本次调查结果而言的。

参考文献

一、经典著作、文献类

[1]《马克思恩格斯全集》(第46卷),北京:人民出版社1979年版。

[2]《马克思恩格斯选集》(第1—4卷),北京:人民出版社2013年版。

[3]《毛泽东选集》(第1—4卷),北京:人民出版社1991年版。

[4]《邓小平文选》(第1、2卷),北京:人民出版社1994年版。

[5]《邓小平文选》(第3卷),北京:人民出版社1993年版。

[6]《江泽民文选》(第1—3卷),北京:人民出版社2006年版。

[7]《胡锦涛文选》(第1—3卷),北京:人民出版社2016年版。

[8]《习近平谈治国理政》(第1—3卷),北京:中国外文出版社2014、2017、2020年版。

[9]《毛泽东邓小平江泽民论青少年和青少年工作》(增订本),北京:中国青年出版社2003年版。

[10] 中共中央、国务院:《中长期青年发展规划(2016—2025年)》,2017年。

[11] 习近平:《在全国高校思想政治工作会议上的讲话》,2016年。

[12]《深刻领会习近平总书记重要讲话精神》,北京:人民日报出版社2013年版。

［13］习近平：《决胜全面建成小康社会 夺取新时代中国特色社会主义伟大胜利——在中国共产党第十九次全国代表大会上的报告》，北京：人民出版社 2017 年版。

［14］《习近平关于青少年和共青团工作论述摘编》，北京：中央文献出版社 2017 年版。

二、学术专著类

［15］本书编写组编著：《党的十九大报告辅导百问》，北京：学习出版社 2017 年版。

［16］宁吉喆主编：《砥砺奋进的五年》，北京：中国统计出版社 2017 年版。

［17］杨建义：《大学生文化认同与价值引领》，北京：社会科学文献出版社 2016 年版。

［18］崔海亮：《国家认同、民族认同、文化认同与大学生思想政治教育》，北京：社会科学文献出版社 2016 年版。

［19］沈壮海、王培纲、段立国等：《中国大学生思想政治教育发展报告》，北京：北京师范大学出版社 2016 年版。

［20］付义荣：《中国新生代农民工的语言使用与社会认同》，北京：中国社会科学出版社 2016 年版。

［21］彭昱：《社会主义核心价值体系融入高校思想政治教育的实现路径研究》，北京：中国水利水电出版社 2015 年版。

［22］刘江宁：《自我、自由与存在：当代中国青少年政治信仰研究》，济南：山东人民出版社 2015 年版。

［23］本书编写组：《中共中央关于制定国民经济和社会发展第十三个五年规划的建议（辅导读本）》，北京：人民出版社 2015 年版。

［24］胡光宇：《中国治理：依法治国让社会更加公平正义》，北京：清华大学出版社 2015 年版。

［25］李建华、夏建文：《立德树人之道：大学生社会主义核心价值观

的培育与践行研究》，北京：人民出版社 2015 年版。

［26］徐园媛、谭自慧、罗二鹏：《大学生社会主义核心价值观教育创新模式的构建》，成都：西南交通大学出版社 2014 年版。

［27］臧具林、卜伟才：《中国广播电视"走出去"战略研究》，北京：中国国际广播出版社 2014 年版。

［28］刘晓东：《大学生社会实践理论与实务》，北京：高等教育出版社 2014 年版。

［29］陈中奇主编：《当代大学生思想政治状况调查分析与对策研究》，西安：西安电子科技大学出版社 2014 年版。

［30］李春玲：《境遇、态度与社会转型：80 后青年的社会学研究》，北京：社会科学文献出版社 2013 年版。

［31］张军等：《领导者工作价值观》，北京：中共中央党校出版社 2011 年版。

［32］刘沧山：《中外高校思想教育研究》，北京：人民出版社 2008 年版。

［33］梁金霞：《大学生思想政治教育热点问题研究》，济南：山东大学出版社 2006 年版。

［34］刘基：《新形势下思想政治教育探索》，北京：北京大学出版社 2006 年版。

［35］李萍、钟鸣华：《道德的选择——来自大学生心灵的报告》，北京：人民出版社 2006 年版。

［36］黄希庭、郑勇：《当代中国青年价值观研究》，北京：人民教育出版社 2005 年版。

［37］刘文富：《网络政治—网络社会与国家治理》，北京：商务印书馆 2002 年版。

［38］沈壮海：《思想政治教育有效性研究》，武汉：武汉大学出版社 2001 年版。

［39］陈立思：《当代世界的思想政治教育》，北京：中国人民大学出版社 1999 年版。

［40］季广松、万海：《大学生成才心理学》，北京：中国矿业大学出版社 1994 年版。

［41］科恩：《论民主》，北京：商务印书馆 1988 年版。

三、报纸期刊类

［42］冷蓉：《深刻领会习近平新时代中国特色社会主义思想的历史地位和丰富内涵》，载《党的文献》2017 年第 12 期。

［43］贾立政：《新时代中国特色社会主义的认识论——十九大报告对马克思主义认识论的重大发展》，载《人民论坛》2017 年第 11 期。

［44］任友群：《面向 2030，让中国的教育更加公平优质》，载《中国高等教育》2017 年第 6 期。

［45］金仲夏：《改善医疗服务：新方向已明确》，载《中国卫生》2017 年第 6 期。

［46］胡鞍钢等：《大国兴衰与中国机遇：国家综合国力评估》，载《经济导刊》2017 年第 3 期。

［47］罗朴尚、刘霓：《改善教育公平需更精确的政策设计》，载《国外社会科学》2017 年第 3 期。

［48］柳昊：《关于我国贫富差距的若干思考》，载《发展研究》2017 年第 2 期。

［49］张亮：《我国收入分配制度改革的历程回顾及其经验总结》，载《发展研究》2016 年第 11 期。

［50］刘书林：《马克思主义历史思维的新发展和新运用》，载《红旗文稿》2016 年第 21 期。

［51］李俊卿、张泽一：《互联网背景下我国意识形态表征、安全风险及防范》，载《思想理论教育导刊》2016 年第 10 期。

［52］侯菲菲、陈树文：《微媒体环境下大学生政治认同探析》，载《思想理论教育导刊》2016 年第 7 期。

［53］魏荣、毛汪兴：《论自媒体环境诉求下的高校思想政治教育优化

路向》，载《思想政治教育研究》2016年第6期。

[54] 任晓莉：《供给侧结构性改革背景下优化我国收入分配体制研究》，载《中州学刊》2016年第3期。

[55] 刘潇：《对新媒体环境下高校隐性思想政治教育的思考》，载《北京青年研究》2015年第4期。

[56] 章友德：《执政基础与大学生政治认同调查》，载《中国青年研究》2014年第12期。

[57] 朱勤文、杜海坤：《试论大学生政治认同的形成机制及教育对策》，载《中国高教研究》2014年第8期。

[58] 郑永兰：《新生代农民工政治参与：现实困境与改进路径》，载《武汉大学学报（哲学社会科学版）》2014年第6期。

[59] 黄德林、邱杰：《新媒体视野下大学生政治认同教育面临的挑战及对策研究》，载《湖北社会科学报》2014年第2期。

[60] 伍安春、陈彩健：《新媒体环境下高校思想政治教育的信度危机及其应对思考》，载《探索》2013年第10期。

[61] 陈伦：《反腐倡廉见成效才能取信于民》，载《求是》2013年第4期。

[62] 汪馨兰：《新媒体环境下高校思想政治教育创新发展研究》，载《学校党建与思想教育》2013年第1期。

[63] 杨建义：《大学生文化认同机制探究》，载《思想理论教育》2012年第13期。

[64] 黄钦、王露：《新生代农民工网络媒介接触与使用情况调查——以武汉经济技术开发区为例》，载《今传媒》2012年第11期。

[65] 文波：《全球化背景下大学生的文化认同与文化适应探析》，载《教育探索》2012年第9期。

[66] 周彩娇、林寒：《大学生社会实践活动现状调查与完善策略》，载《高等教育研究》2012年第9期。

[67] 王炎龙等：《新生代农民工媒介接触与文化阅读调查分析》，载《出版发行研究》2012年第4期。

[68] 张安强：《大学生政治认同危机中的思想政治教育》，载《扬州大学学报（高教研究版）》2012年第2期。

[69] 欧阳爱权、朱红叶：《大学生政治认同现状与对策》，载《当代青年研究》2011年第11期。

[70] 张首先：《红色文化的价值资源与当代大学生的文化认同》，载《思想政治教育研究》2011年第3期。

[71] 于昆：《大学生闲暇教育状况调查与分析——基于北京5所高校大学生的实证研究》，载《思想教育研究》2011年第2期。

[72] 肖唐镖、王欣：《中国农民政治信任的变迁：对五省份60个村的跟踪研究（1999—2008）》，载《管理世界》2010年第9期。

[73] 董光柱：《大学生社会实践活动新思路的探索》，载《改革与开放》2010年第6期。

[74] 邵朋来：《新时代大学生社会实践活动问题分析与对策建议》，载《山东省青年管理干部学院学报》2010年第6期。

[75] 易连云、兰英：《新媒体时代学校德育面临的危机及应对策略》，载《高等教育研究》2010年第4期。

[76] 吕富媛、吕富彪：《增强大学生社会实践实效性的路径研究》，载《国家教育行政学院学报》2010年第3期。

[77] 王春光：《新生代农民工融入城市进程及问题的社会学分析》，载《青年探索》2010年第3期。

[78] 杨继瑞：《关于加强大学生社会实践活动的思考》，载《高校理论战线》2010年第2期。

[79] 邓秀华：《"新生代"农民工的政治参与问题研究》，载《华南师范大学学报（社会科学版）》2010年第1期。

[80] 肖学斌、朱莉：《新媒体对大学生思想政治教育的影响及应对》，载《思想教育研究》2009年第7期。

[81] 李娟、李尚敏：《当代大学生政治参与现状研究综述》，载《网络财富·理论探讨》2008年第7期。

［82］蒲俜：《和平发展道路与和谐世界理念》，载《教学与研究》2007年第11期。

［83］郭正林：《当代中国农民政治态度的定量研究》，载《学术研究》2005年第5期。

四、国外文献

［84］John Yung-Hsiang Lai. *China and Protestant Missions：a Collection of Their Earliest Missionary Works in Chinese*, Harvard-Yenching Library, Harvard University. Leiden：IDC Publishers. 1983.

后 记

经过努力,《新时代中国大学生思想特点与社会实践拓展研究》作为北京高校中国特色社会主义理论研究协同创新中心(清华大学)"社会主义核心价值观与高校思想政治理论课建设协同创新中心"重要选题的阶段性成果终于交付完成了。本书坚持马克思主义立场、观点、方法,坚持以习近平新时代中国特色社会主义思想为指导,将时间界定在党的十八大之后,研究范围聚焦于大学生的思想特点和实践拓展领域,这既是基于党的十八大以来,以习近平同志为核心的党中央励精图治、开拓进取,取得了治国理政一系列重大成就的现实考虑;同时也考虑到大学生在整个社会群体中具有的独特性,青年是国家的未来和民族的希望,大学生作为中国特色社会主义事业的建设者和接班人,其思想状况、观念属性和实践状况必将深刻影响到国家的发展及其走向。

任何事物的发展都有其轨迹和规律,一个人的思想的形成、变化也必然有其清晰的路径,有其规律可循。我们自知定位大学生群体的思想特点是有很大难度的,但我们仍然希冀通过我们的不懈努力能一步步揭示此一认知目标的奥秘。这是因为"提高大学生的思想政治素质,促进大学生的全面发展","加强和改进大学生思想政治教育是一项重大而紧迫的战略任务"。"加强和改进大学生思想政治教育,提高他们的思想政治素质,把他们培养成中国特色社会主义事业的建设者和接班人,对于全面实施科教兴国和人才强国战略,确保我国在激烈的国际竞争中始终立于不败之地,确保实现全面建设小康社会、加快推进社会主义现代化的宏伟目标,确保中国特色社会主义事业兴旺发达、后继有人,具有重大而深远的战略意义。"① 但囿于条件的限制以及能力的不足,该研究报告还不是很成熟,还存在诸多不完善的地方,还需要我们在今后继续努力,不断深入研究,以求达到既定的目标。对于本书存在的问题和欠缺,恳切烦请各位业界同仁提出宝贵意见,对此我们表示诚挚的谢意!

本书由李伟统稿,各章撰写者如下:

绪　论　问题的提出与调查过程(秦国伟)

第一章　大学生思想与社会实践的基本理论问题研究(万资姿)

第二章　国家与社会认同(张治银)

第三章　文化认同(孙帅)

第四章　治国理政成效认同(于昆)

第五章　大学生思想变化轨迹分析(吴学凡)

第六章　不同专业大学生相关领域的认同比较(高炜)

第七章　大学生社会实践状况分析(史为磊)

第八章　优化大学生思想政治工作和实践引领(刘长军)

后　记　李伟

借此机会,我们要特别感谢清华大学马克思主义学院的领导、专家给予的热情支持、无私帮助和具体指导。我要感谢课题组的全体教师:中国青年政治学院(中央团校)万资姿、于昆、刘长军、吴学凡、张治银、高炜,以及原中国青年政治学院马克思主义学院教师现在中国社会科学院大学马克思主义学院工作的秦国伟、史为磊、孙帅老师。无论是调查问卷,还是研究报告,在起草、讨论、研究、修改、定稿的整个过程中,都凝聚了同志们的大量心血。大到问卷的框架、报告的内容,小到问卷的一个选项、报告的一个表述,大家都本着认真负责的精神,不厌其烦、反复推敲,甚至为了核准某个细节,数次商酌乃至争论。每念及此,我仍然会被各位参与者精益求精的精神所感动,仍然会想起那些用咖啡提神、深夜笔

---

① 《加强和改进大学生思想政治教育重要文献选编(1978—2008)》,中国人民大学出版社 2008 年版,第 376 页。

耕的动人场景。我还要感谢认真负责地完成了课题组委托的调查任务的新疆师范大学梁玉春、陕西师范大学吕亚虎、南宁师范大学李军峰、河南工业大学陆轶之、哈尔滨理工大学张军以及中国青年政治学院周晓春等同志，感谢张骏、黄伟志、赵海辆、陈丽为调研问卷的发放、数据输入和整理等作出的贡献。

  本书撰稿于2018年，本应在当年出版，但在撰写、编辑、出版过程中遇到了一些意想不到又无力回天的困难和问题。在我们屡次感到无望之时，中央编译出版社领导和编辑部同志们大力支持，并在书稿架构、内容取舍等方面给予了专业指导和帮助，在此一并表示真诚的谢意。

中国青年政治学院（中央团校）马克思主义学院

李 伟

2021年4月